Cuisiner

avec les

épices

Philippe Delacourcelle

Cuisiner

avec les épices

Photographies
Jean-Charles Vaillant

Stylisme
Camille Le Foll

SOLAR

À mes parents,
qui ont su éveiller ma gourmandise
et ma curiosité gustative avec bonheur.

Cet ouvrage a été publié aux Éditions
Solar sous le titre : *Ma cuisine à fleur d'épices.*

Sommaire

Introduction

Qu'est-ce qui a mené un jeune cuisinier français, formé à l'école traditionnelle, à saupoudrer nos classiques culinaires d'épices et d'arômes exotiques pour leur donner des accents raffinés, inédits ? Je sais que ma démarche, très personnelle, ne va pas de soi dans le monde des chefs. Elle ne vise pas à apporter un bouleversement dans la cuisine, mais elle en modifie l'angle de vue, braque le projecteur dans une autre direction. À chaque recette, je m'attache à exalter un plat de notre répertoire ou un ingrédient classique de nos marchés par des moyens inattendus, à donner une nouvelle tonalité à un produit que l'on croyait connaître. J'aime reproduire dans l'assiette, au moyen de dosages précis, le charme particulier que les épices exercent sur moi. De mes voyages, des leçons que j'ai tirées des parfums envoûtants croisés sur mon chemin, j'ai retiré une quintessence : les épices m'ont appris un langage que j'ai appliqué, avec passion, à mon travail – en trouvant le bon ingrédient, la bonne quantité, le bon moment. J'ai reçu une formation classique de cuisinier et de pâtissier. Plus tard, j'ai travaillé comme pâtissier chez Fauchon, puis comme cuisinier dans divers restaurants gastronomiques, et notamment à Saulieu, chez Bernard Loiseau, dont j'ai été le second. J'ai toujours été attiré par les cuisines d'ailleurs, en particulier par celles de l'Asie du Sud-Est. Dans mon travail, j'ai côtoyé des Japonais épris de bonne chère et de raffinement. Nous nous sommes liés d'amitié, et c'est ainsi qu'en 1979 j'ai entrepris de faire un long séjour hors de France afin d'étudier les cuisines de l'Asie orientale. Pendant cinq ans, j'ai sillonné ces régions, en commençant par le Japon, où j'ai retrouvé des amis qui se sont fait un plaisir de me guider dans ma quête gastronomique. Ce fut ensuite la Malaisie et Singapour, qui restent un peu mes coups de cœur par leur art de vivre et leur richesse culinaire.

Après cela, je me rendis en Indonésie, en Thaïlande, à Hong Kong, en Corée et plus récemment en Chine. Tout naturellement, à mon retour en France, j'ai essayé de reproduire les saveurs magiques que j'avais expérimentées au cours de mon périple.

Depuis 1984, année d'ouverture de mon restaurant *Le Clos Morillons*, dans le XVe arrondissement de Paris, je continue cette recherche. Le succès de mes mariages d'épices m'a incité à écrire des recettes simples, à base d'ingrédients courants, qui puissent être interprétées par des gourmands pas nécessairement experts en art culinaire.

Ma démarche ne consiste pas à imiter les cuisines orientales ou à rendre méconnaissables les plats français. Je superpose à la base de notre tradition culinaire des ingrédients et des tours de main venus d'ailleurs afin d'en tirer un autre sentiment, un nouvel accent. C'est un jeu fascinant qui élève et allège les saveurs, accentue leur poésie et leur potentiel de rêve. L'épice, selon l'emploi que j'en fais, accompagne le plat à différents niveaux : parfois il s'agit d'arômes profonds et atténués, créés par une longue cuisson, et parfois c'est un feu d'artifice de saveurs, ajouté au dernier moment, qui éclate de façon surprenante. Souvent, un élément épicé vient soutenir une préparation simple (tarte aux pommes, vinaigrette, sauté de lapin) pour la présenter sous un aspect inattendu. Mais le produit de base, le thème du plat, est toujours présent et intact.

Dans les recettes qui suivent, seules les épices apportent la note exotique : le savoir-faire est bien français, et les produits de base sont ceux que l'on trouve couramment chez nos commerçants, sur nos marchés ou en grande surface. De même, en ce qui concerne les épices elles-mêmes, il y en a peu qui soient difficiles à trouver. Poivre, noix de muscade, cannelle, girofle, cari, cumin, carvi, vanille, safran, poivre de la Jamaïque sont disponibles partout. Gingembre, anis étoilé, cardamome, coriandre, curcuma, aneth sont à peine moins quotidiens. Quant à la citronnelle, aux feuilles de limettier, au poivre long, à la maniguette, au poivre du Sichuan, à la fève tonka, au *garam masala* et aux autres mélanges d'épices, la plupart s'achètent dans les supermarchés asiatiques (indiens, chinois, etc.), qui s'installent en nombre croissant. De plus, je propose souvent des aromates de substitution pour le cas où vous ne trouveriez pas ceux que je préconise en premier lieu.

Comment accompagner ces plats ? Une idée reçue veut que les épices soient difficiles à accorder avec les vins. Ce n'est pas si simple ! Les Chinois, pour ne citer qu'eux, ont toujours apprécié les vins de raisin d'Asie centrale avec leur cuisine fortement aromatisée. Il est inutile de se cantonner à la bière ou au sempiternel rosé de Provence comme pis-aller avec les saveurs exotiques. Rouge ou blanc ? Ce qui importe, c'est que le bouquet du vin complète les accents des épices, leur soit complémentaire sans forcément leur ressembler. Les arômes doivent être complexes, et le vin, surtout en blanc, doit avoir une composante charpentée, miellée, aromatique. Le vin moelleux, sans excès de gras, est le bienvenu. Il doit être doué de caractère afin de jouer sa part de la symphonie épicée. Parmi les vins de Loire (que j'affectionne particulièrement de par mes origines), j'aime les vouvrays, les savennières, les blancs d'Anjou ; les alsaces (gewurztraminer bien sûr, mais aussi tokay, riesling, etc.) sont précieux, ainsi que les vins du Sud-Ouest, de la basse vallée du Rhône et du Midi, souvent en parfaite harmonie avec les saveurs épicées. Le cépage chardonnay, à condition qu'on ne l'ait pas trop boisé, et le merveilleux cépage viognier, cher au Rhône et au Sud, permettent de réaliser des mariages intenses et magiques. Je vous invite donc à la découverte de cette cuisine à fleur d'épices : le voyage ne vous éloignera pas de votre terrain familier, mais vous n'en ferez pas moins de surprenantes découvertes.

les terrines

les entrées

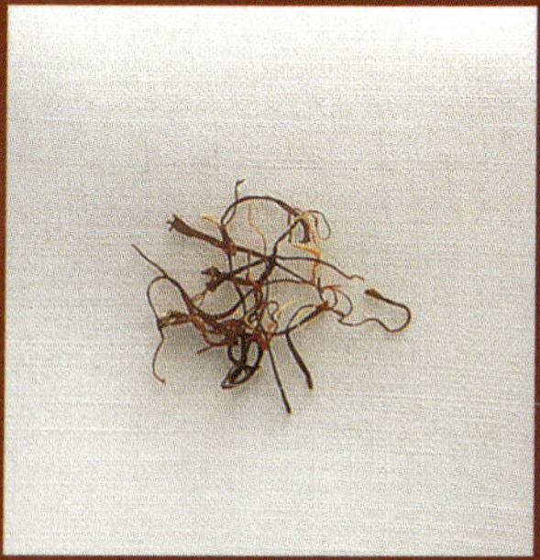

les soupes

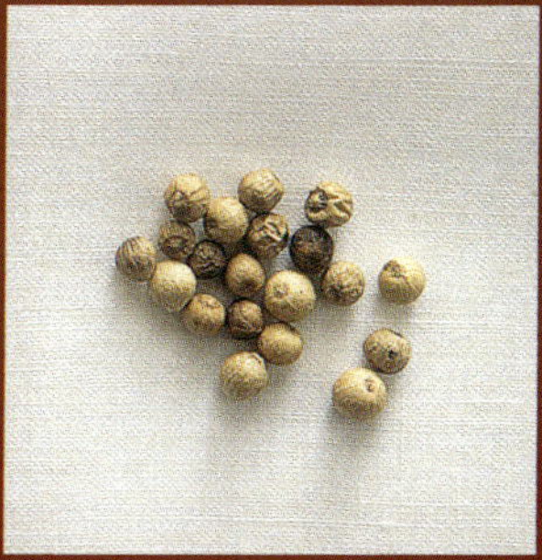

Terrine de lapin à l'aubergine et au fenugrec

Pour 8 à 10 personnes

Préparation : 1h
Cuisson : 1 h 15
Réfrigération : 12 h

- 1 lapin
- 400 g de lard fumé en tranches fines, découenné
- 3 aubergines
- 1 cuil. à soupe de graines de fenugrec (ou de moutarde)
- sel fin, poivre blanc du moulin, fleur de sel

Désossez entièrement le lapin. Préchauffez le four à 180 °C (th. 5-6).

Tapissez de lard fumé une terrine de 25 cm de longueur et de 8 cm de hauteur en laissant dépasser les tranches de chaque côté afin de pouvoir les rabattre sur le lapin.

À l'aide d'un couteau-scie, coupez les aubergines dans le sens de la longueur en tranches de 1 cm d'épaisseur. Retaillez-les dans le sens de la largeur afin qu'elles puissent entrer dans la terrine.

Dans une petite casserole, versez un peu d'eau, ajoutez les graines de fenugrec, faites-les bouillir 1 mn et laissez-les refroidir dans leur eau de cuisson.

Dans le fond de la terrine, déposez une couche d'aubergine crue. Salez et poivrez. Étalez-y la moitié du lapin assaisonnée de la moitié du fenugrec. Couvrez d'une autre couche d'aubergine assaisonnée, puis du reste du lapin et des graines de fenugrec. Finissez avec une dernière couche d'aubergine assaisonnée, puis refermez la terrine en rabattant les tranches de lard.

Mettez la terrine au four, au bain-marie, et faites cuire 1 h 15. Quand elle est cuite, retirez-la du four. Enveloppez une brique de lait de papier d'aluminium et déposez-la sur la terrine. Laissez refroidir 2 h, puis réservez 12 h au réfrigérateur, la terrine toujours surmontée de la brique de lait.

Pour démouler, passez la terrine 30 secondes sous l'eau courante très chaude en la tenant inclinée. Déposez-la sur une planche et servez-la accompagnée de fleur de sel et de poivre.

au cœur **des épices**

Le fenugrec s'utilise habituellement avec des légumes. Dans cette préparation, il apporte une note originale, réglissée et surprenante.

le conseil **vin**

Un savennières ou un sancerre blanc, ou, pour surprendre, le caractère d'un chignin-bergeron.

Terrine de lentilles et gésiers confits au ras el-hanout

Pour 6 à 8 personnes

Préparation : 15 mn
Cuisson : 20 mn
Réfrigération : 8 h environ

- 1 boîte de 350 g de gésiers de canard confits
- 200 g de lentilles vertes du Puy, rincées et égouttées
- 1/2 oignon
- 1/2 carotte
- 1/2 branche de céleri
- 1 branche de thym
- 1 feuille de laurier
- 1 cuil. à soupe rase de ras el-hanout (ou de cari)
- 25 cl de crème liquide
- 12 feuilles de gélatine
- sel, poivre du moulin

Égouttez les gésiers de canard en réservant la graisse. Épluchez, lavez et émincez grossièrement les légumes.

Dans une casserole, faites revenir les légumes 1 mn sur feu doux dans un peu de graisse de canard. Ajoutez les lentilles, le thym et le laurier, mouillez avec 1 litre d'eau. Faites cuire 20 mn sur feu doux. Égouttez les lentilles dans une passoire et retirez les légumes de cuisson. Réservez les lentilles au réfrigérateur.

Faites tremper les feuilles de gélatine quelques minutes dans de l'eau froide. Dans une casserole, faites chauffer 15 secondes 1 cuillerée à café de la graisse de canard avec le ras el-hanout, ajoutez la crème liquide et portez à ébullition. Hors du feu, incorporez la gélatine égouttée à l'aide d'un fouet. Laissez refroidir.

Dans un saladier, mélangez les lentilles froides, les gésiers et la crème refroidie. Salez et poivrez. Garnissez l'intérieur d'une terrine de film alimentaire ou de papier d'aluminium. Versez-y le mélange, couvrez et réservez 8 h environ au réfrigérateur.

Démoulez la terrine, coupez-la en tranches de 2 mm d'épaisseur environ et disposez celles-ci en éventail dans un plat. Vous pouvez accompagner cette terrine d'un condiment ou d'un chutney un peu relevé.

au cœur **des épices**

Une alliance de saveurs tout en finesse, où le ras el-hanout fait voyager le terroir français aux portes du Maroc.

le conseil **vin**

Un pécharmant du domaine Roches, ou un cahors.

Terrine de canard au poivre vert

Pour 6 personnes

Préparation : 30 mn
Cuisson : 1 h
Réfrigération : 12 h

- 6 cuisses de canard
- 1 œuf
- 6 feuilles de laurier
- 10 g de poivre vert
- sel, poivre gris du moulin

Désossez ou faites désosser les cuisses de canard par votre boucher. Préchauffez le four à 180 °C (th. 5-6).

Passez les cuisses de canard au hachoir, grille moyenne, sans retirer ni la peau ni la graisse. Ajoutez l'œuf, le poivre vert, du sel et du poivre gris. Mélangez avec une spatule en bois. Goûtez un peu de farce (sans l'avaler) et rectifiez l'assaisonnement s'il y a lieu. Versez la farce dans un moule ou dans une terrine et couvrez la surface des feuilles de laurier.

Mettez la terrine au four, au bain-marie, et faites cuire 1 h. Quand elle est cuite, retirez-la du four. Enveloppez une brique de lait d'une feuille d'aluminium et déposez-la sur la terrine en appuyant quelques instants. Laissez refroidir le tout 2 h à température ambiante, puis réservez toute la nuit au réfrigérateur la terrine surmontée de la brique de lait.

Servez la terrine le lendemain dans son moule. Vous pouvez l'accompagner d'un chutney doux à l'aubergine, par exemple, ou la couper en tranches très fines que vous déposerez sur un lit de salade à l'huile de noix. •

au cœur **des épices**

Une terrine d'une simplicité étonnante, au goût puissant de canard relevé de poivre vert. Classique mais délicieux.

le conseil **vin**

Un chinon, un bourgueil, ou un vin rouge d'Anjou. Si vous aimez des vins ensoleillés, choisissez un corbières ou un coteaux-d'aix-en-provence.

Fromage de tête de veau aux épices chinoises

Pour 6 personnes

Préparation : 20 à 30 mn
Cuisson : 2 h
Réfrigération : 12 h

- 1/2 tête de veau
- 1/2 langue de veau
- 3 carottes épluchées
- 1 oignon épluché
- 1 blanc de poireau
- 50 g de persil très finement haché
- 6 couronnes d'anis étoilé
- 1 bâton de casse (cannelle de Chine)
- 1 cuil. à soupe de poivre du Sichuan
- 10 cl d'huile d'arachide
- 5 cl de vinaigre de jerez
- 10 feuilles de gélatine
- sel fin, gros sel marin

au cœur **des épices**

Une version irrésistible de la tête de veau, avec quelques parfums de Chine.

le conseil **vin**

Un morgon ou un pinot noir d'Alsace font un mariage classique. Si l'on souhaite un peu plus d'aventure, on choisira un duras de Gaillac ou une mondeuse de Savoie dont les arômes poivrés compléteront les épices.

Réunissez dans un faitout la tête et la langue de veau, 1 carotte, l'oignon, le blanc de poireau. Couvrez d'eau, ajoutez l'anis étoilé et la cannelle, portez à ébullition et laissez cuire 2 h sur feu doux.

Pendant ce temps, faites cuire dans une casserole d'eau additionnée de gros sel les 2 carottes restantes entières en les piquant de temps en temps avec la pointe d'un couteau pour contrôler leur cuisson : elles ne doivent pas être trop cuites.

Égouttez la tête et la langue de veau, coupez-les en morceaux de 2-3 cm dans un saladier et assaisonnez-les de sel fin et de 1 cuillerée à café de poivre du Sichuan moulu.

Filtrez dans une casserole 50 cl de jus de cuisson et faites réduire de moitié. Trempez les feuilles de gélatine quelques minutes dans de l'eau froide et ajoutez-les à la réduction. Ajoutez un peu de sel et de poivre du Sichuan.

Mélangez la réduction, la tête et la langue de veau ; moulez le tout dans une terrine en ayant soin de placer les carottes au milieu. Réservez 12 h au réfrigérateur.

Avant de servir, broyez 15 secondes au mixeur le persil avec l'huile, le vinaigre et un peu de sel. Coupez la terrine en tranches épaisses et assaisonnez de vinaigrette.

Terrine de petits pois au sumac

Pour 6 à 8 personnes

Préparation : 1h
Cuisson : 10 mn
Réfrigération : 5 h environ

- 2,5 kg de petits pois frais
- 1 cuil. à soupe de ras el-hanout (ou à défaut, de cari)
- 2 cuil. à soupe de sumac (ou, à défaut, de paprika)
- 40 cl de crème liquide
- 15 feuilles de gélatine
- 10 cl d'huile d'olive
- 2 cuil. à soupe de vinaigre de jerez
- sel fin, gros sel marin

Écossez les petits pois. Dans une grande casserole, portez à ébullition de l'eau additionnée de gros sel. Plongez-y les petits pois et faites cuire 8 mn. Goûtez les petits pois pour contrôler leur cuisson : si vous les aimez plus tendres, laissez-les cuire 3 mn de plus.

Égouttez les petits pois, plongez-les immédiatement dans une bassine d'eau froide. Laissez-les refroidir 15 mn puis égouttez-les.

Faites tremper les feuilles de gélatine 5 mn dans de l'eau froide. Faites chauffer la crème liquide dans une casserole avec le ras el-hanout, portez à ébullition et salez. Hors du feu, incorporez la gélatine égouttée à l'aide d'un fouet. Réservez.

Garnissez de film alimentaire l'intérieur d'une terrine adaptée au volume des petits pois. Versez-y les petits pois, puis recouvrez-les avec la crème. Réservez au réfrigérateur 5 h environ.

Pour servir, mélangez l'huile d'olive, le vinaigre et 1 cuillerée à soupe de sumac, salez. Démoulez la terrine et coupez-la en tranches de 1 cm d'épaisseur. Disposez celles-ci dans les assiettes, arrosez de vinaigrette et saupoudrez de sumac.

au cœur **des épices**

La douceur des petits pois est enrobée d'épices douces ; tout est dans la finesse des goûts. Dans cette préparation, le sumac côtoie les petits pois par son acidité et son fruité.

le conseil **vin**

Un pouilly-fumé ou un quincy.

Terrine de poulette à l'oseille et au ras el-hanout

Pour 6 à 8 personnes

Préparation : 50 mn
Cuisson : 1 h 15
Réfrigération : 6 h

- 1 poulette fermière d'environ 1,2 kg, vidée, cou et pattes coupés
- 300 g d'oseille
- 1 carotte pelée
- 1/2 branche de céleri épluchée
- 1/2 blanc de poireau
- 1 oignon pelé
- 2 clous de girofle
- 1 couronne d'anis étoilé
- 1/2 bâton de cannelle
- 1 cuil. à café de ras el-hanout (ou de cari)
- 150 g de beurre
- 12 feuilles de gélatine
- gros sel, sel fin

Taillez la carotte, le céleri et le blanc de poireau en morceaux de 2 cm environ. Coupez l'oignon en deux et piquez chaque moitié de 1 clou de girofle.

Rincez la poulette à l'eau claire. Déposez-la dans un faitout avec les légumes, la cannelle, l'anis étoilé et 1 pincée de gros sel. Couvrez d'eau, laissez cuire 1 h 15 à petits bouillons.

Équeutez et lavez l'oseille. Si elle est sableuse, lavez-la dans trois eaux en remuant bien pour faire tomber le sable. Essorez-la et faites-la fondre 5 mn dans une casserole à couvert. Égouttez-la dans une passoire. Réservez.

Désossez la poulette cuite et réunissez la chair sur une planche à découper. Taillez-la en dés de 1 cm. Faites tremper la gélatine quelques instants dans de l'eau froide. Dans un saladier, mélangez les dés de poulette avec l'oseille.

Dans une casserole, faites bouillir 20 cl du bouillon de cuisson de la poulette avec le ras el-hanout. Hors du feu, ajoutez la gélatine bien égouttée et le beurre. Mixez et rectifiez l'assaisonnement en sel.

Versez cette sauce sur les morceaux de poulette et mélangez bien tous les ingrédients. Remplissez ensuite une terrine garnie d'un film alimentaire et laissez prendre 6 h au réfrigérateur. Démoulez et coupez en tranches épaisses.

au cœur **des épices**

L'acidité de l'oseille et le moelleux de la poulette mettent en valeur les parfums du ras el-hanout. Vous pouvez personnaliser votre mélange d'épices en ajoutant une pointe de gingembre en poudre ou de coriandre, voire de cumin, en fonction de vos goûts.

le conseil **vin**

Un pinot gris d'Alsace du domaine Barmès-Buecher ou un bourgogne aligoté.

Marinade de raie à la citronnelle crue

Pour 4 personnes
Préparation : 30 mn
Cuisson : 20 mn

- 500 g de raie
- 25 g de betterave cuite
- 1/2 bulbe de fenouil
- 1 oignon
- 1 branche de thym
- 1 botte de ciboulette
- 1 feuille de laurier
- 2 tiges de citronnelle
- 1/2 citron
- 10 cl d'huile d'olive
- sel fin, gros sel marin, fleur de sel

au cœur **des épices**

C'est en Thaïlande que la citronnelle est le plus largement utilisée. Dès que mon palais rencontre cette saveur, une multitude de souvenirs gustatifs resurgissent. L'herbe est ici utilisée crue comme une échalote : le résultat est différent, plus européen. À essayer sans modération sur toutes sortes de salades.

le conseil **vin**

Un sauvignon ou un chenin sec.

Dans une grande casserole, réunissez la raie, l'oignon épluché, le thym, le laurier et 1 pincée de gros sel. Couvrez d'eau. Coupez en deux les tiges de citronnelle, réservez 3 cm du bulbe renflé et ajoutez le reste de la tige au contenu de la casserole. Portez à frémissement et faites cuire 20 mn sur feu doux.

Sortez le poisson du bouillon de cuisson avec une écumoire. Retirez la peau avec la pointe d'un couteau, puis détachez les chairs de l'arête. Effeuillez-les sur un plat de service ou sur les assiettes. Réservez au chaud.

Réunissez dans le bol d'un mixeur la betterave, le jus de citron, l'huile d'olive et 1 pincée de sel. Broyez 1 mn.

Taillez le bulbe de fenouil en petits dés, le plus finement possible. Hachez le reste de la citronnelle le plus finement possible. Ciselez très finement la ciboulette. Répartissez la sauce à la betterave sur la raie ; parsemez le tout de fenouil, de ciboulette, de citronnelle et d'un peu de fleur de sel.

Salade de riz sauvage, mangue, basilic et badiane

Pour 4 personnes

Préparation : 15 mn
Cuisson : 40 mn
Trempage : 2 à 3 h

- 200 g de riz sauvage
- 1 tomate bien mûre
- 1 mangue bien mûre
- 1 petit oignon
- 1 bouquet de basilic frais
- 2 pincées d'anis étoilé en poudre
- 5 cl d'huile d'olive
- 1 cl de vinaigre de jerez
- sel, poivre blanc du moulin

au cœur des épices

Cette salade pleine de parfums se déguste en toute saison. Pour les grandes occasions, vous pouvez ajouter des tranches de queue de homard ou de langouste, ou même un peu de chair de crabe ou de langoustine. La poudre d'anis étoilé souligne d'une note anisée la saveur exotique de la mangue. Vous pouvez la remplacer par une autre poudre d'épice en augmentant légèrement la proportion (1/2 cuillerée à café).

le conseil vin

Un vouvray tendre du domaine Champalou, ou un vin d'Alsace (tokay, riesling) du domaine Barmès-Buecher.

Faites tremper le riz sauvage 2 à 3 h. Faites-le cuire 40 mn à couvert sur feu doux dans deux fois et demi son volume d'eau. Ce temps écoulé, laissez gonfler le riz hors du feu, toujours à couvert, puis faites-le tiédir dans un saladier.

Coupez la mangue en deux dans le sens de la longueur, en longeant le noyau plat avec la lame du couteau. Évidez chaque moitié du fruit avec une cuillère et détaillez la chair en dés de 1 cm de côté.

Pelez l'oignon, hachez-le finement. Coupez la tomate en petits dés. Hachez grossièrement les feuilles de basilic.

Mélangez dans un saladier l'huile d'olive, le vinaigre, l'anis étoilé en poudre, ajoutez sel et poivre blanc, puis le riz, la mangue, la tomate et l'oignon. Rectifiez l'assaisonnement. Si vous préférez un peu plus vinaigré, rajoutez 1 cuillerée à soupe de vinaigre de jerez.

Servez aussitôt pour profiter des parfums qui sont assez volatils.

Œufs à la coque au poivre du Sichuan

Pour 1 personne

Préparation : 2 mn
Cuisson : 3 à 4 mn

- 1 ou 2 œufs
- poivre du Sichuan versé dans un moulin à poivre
- sel de Guérande

Broyez très finement, dans un mortier, 1 cuillerée à soupe de sel de Guérande. Actionnez le moulin à poivre de façon à moudre la valeur de 1 cuillerée à café de poivre du Sichuan. Mélangez celui-ci au sel pilé.

Faites cuire les œufs à la coque. Pour éviter qu'ils ne se fendent au contact de l'eau bouillante, il faut qu'ils soient à température ambiante. Dès que l'eau bout, baissez le feu avant d'introduire les œufs afin de ne pas les heurter. Ensuite, augmentez la température sans excès et faites cuire 3 à 4 mn, selon le goût.

Retirez du feu, passez les œufs très rapidement sous l'eau froide courante. Réservez-les dans un torchon pour conserver la chaleur.

Au moment de servir, sectionnez le sommet des œufs et saupoudrez-les à volonté du mélange poivre-sel.

au cœur des épices

Il n'y a pas plus simple, mais cette baie romatique est une vraie merveille. Que d'arômes !

le conseil vin

Tous les caprices sont permis.

Melon frappé au granité d'épices

Pour 4 personnes

Préparation : 10 mn
Cuisson : 2 mn
Congélation : 12 h au moins

- 4 petits melons de Cavaillon bien mûrs (1 par personne)
- 1/2 orange
- 1/2 citron
- 1 pincée de cannelle en poudre
- 1 pincée de gingembre en poudre
- 1 pincée de coriandre en poudre
- 50 cl de vin rouge
- 100 g de sucre en poudre

Pressez les agrumes et réservez leur jus dans un verre. Dans une petite casserole, versez le sucre, 10 cl d'eau et les épices. Portez à ébullition.

Mélangez tous les ingrédients : vin rouge, sirop d'épices et jus de fruits. Portez à ébullition 1 mn. Versez à travers une passoire très fine dans un plat à gratin ; il ne doit y avoir que 1 cm de liquide. Mettez ce plat au congélateur et fouettez toutes les heures, jusqu'à ce que des paillettes se forment. Il faut que tout le liquide devienne entièrement pailleté. Laissez toute la nuit au congélateur.

Le lendemain, coupez les melons en deux, évidez-les puis garnissez-les de granité. Servez aussitôt, car le granité fond vite. •

au cœur des épices

Lorsqu'il fait 40 °C à l'ombre, l'appétit est généralement en panne. Grâce aux parfums des épices, cette gourmandise vous rafraîchira et vous revigorera.

le conseil vin

Un vin rouge très fruité – donc très jeune – servi très frais.

Rémoulade de céleri au cari

Pour 4 personnes

Préparation : 15 mn
Réfrigération : 10 mn

- 1/2 boule de céleri-rave
- 1/2 citron
- 1 cuil. à café de cari
- 1 cuil. à soupe rase de moutarde
- 4 cuil. à soupe de crème fraîche épaisse
- sel fin

Épluchez le céleri-rave à l'aide d'un gros couteau puis râpez-le assez grossièrement à l'aide d'un robot ménager.

Dans un saladier, mélangez la moutarde, le cari, la crème fraîche et le jus de citron. Salez, ajoutez le céleri, mélangez bien. Réservez 10 mn au réfrigérateur avant de servir.

au cœur des épices

Cette rémoulade au cari remplace avantageusement, à mon goût, la traditionnelle mayonnaise.

le conseil vin

Un mauzac vert de chez Bernard Plageoles ou un vin blanc du Sud-Est.

Artichauts bretons, sauce à la citronnelle

Pour 4 personnes

Préparation : 15 mn
Cuisson : 30 mn

- 4 artichauts bretons
- 4 citrons
- 6 feuilles de limettier (lime kaffir) ; (ou 3 tiges de citronnelle)
- 1 tige de citronnelle
- 1 pincée de poivre du Sichuan moulu
- 20 cl d'huile d'olive
- sel fin, gros sel

Pressez deux des citrons. Débarrassez les artichauts de leur tige et mettez-les dans une grande casserole. Couvrez d'eau, ajoutez un peu de gros sel, le jus des 2 citrons et les feuilles de limettier. Faites cuire 20 à 30 mn à petite ébullition, selon la grosseur des artichauts.

Préparez la sauce. Ne conservez de la tige de citronnelle que le bulbe renflé et coupez-le en rondelles les plus fines possible, puis hachez-le. Pressez les deux citrons restants en filtrant le jus pour éliminer les pépins. Versez l'huile d'olive sur le jus de citron en mélangeant au fouet, salez, ajoutez 1 pincée de poivre du Sichuan, puis la citronnelle hachée. Réservez.

Quand les artichauts sont cuits, retournez-les pour bien les égoutter. Répartissez la sauce dans 4 petits bols.

On déguste les artichauts feuille par feuille, en assaisonnant chacune avec la sauce. Si vous préparez votre entrée à l'avance, sortez les artichauts du réfrigérateur 1 h avant de servir.

au cœur **des épices**

Le parfum des feuilles de limettier souligne parfaitement l'amertume légère de l'artichaut. Une saveur venue d'ailleurs pour un produit du terroir breton, et un assaisonnement très rafraîchissant.

le conseil **vin**

Un cépage chardonnay convient à cette recette dont le petit goût de noisette s'harmonise avec celui de l'artichaut : beaujolais blanc, chablis, chardonnay de l'Hérault.

Tomates-mozzarella à l'huile de gingembre

Pour 4 personnes

Préparation : 10 mn

- 6 tomates bien mûres
- 1/2 citron
- 100 g de gingembre frais
- 1 cuil. à café de graines de sésame noir
- 200 g de mozzarella
- 10 cl d'huile d'arachide
- sel fin, poivre du moulin

Pelez les tomates après les avoir plongées quelques secondes dans de l'eau bouillante et coupez-les en fines rondelles. Coupez la mozzarella en dés de 1 cm.

Râpez le gingembre à l'aide d'une râpe fine à gruyère ; pressez la pulpe obtenue dans votre main pour en extraire tout le jus. Réservez ce jus.

Dans un récipient, mélangez l'huile, le jus de gingembre, le jus de citron, les graines de sésame noir, du sel et du poivre. Le rapport doit être d'un tiers de jus de gingembre pour deux tiers d'huile.

Disposez les rondelles de tomate dans un plat de service, parsemez-les des dés de mozzarella. Arrosez-les de la sauce et laissez reposer quelques minutes avant de servir.

au cœur **des épices**

Respectez le léger temps de repos de cette salade après assaisonnement : les tomates et la mozzarella sont encore plus délicieuses quand elles sont bien imprégnées du parfum du gingembre, dont les accents poivrés et acidulés se substituent avantageusement à ceux du vinaigre.

le conseil **vin**

Un corbières blanc, un patrimonio blanc de Corse ou un gaillac blanc.

Côtes de romaine au saumon fumé et au carvi

Pour 4 personnes

Préparation : 15 mn
Cuisson : 1 mn

- 4 tranches de saumon fumé d'Écosse
- 2 romaines vert tendre
- 1 échalote
- 1/2 citron
- 1 branche d'aneth
- 1 cuil. à soupe de graines de carvi
- 50 g de crème fraîche épaisse
- sel, poivre blanc du moulin

Coupez la base des romaines. Taillez chaque feuille de part et d'autre de la nervure centrale en laissant 1 cm de vert. Lavez les côtes dans deux eaux et épongez-les dans un linge sec.

Mettez les graines de carvi dans une petite casserole avec 1 verre d'eau. Portez à ébullition, laissez refroidir 30 mn. Égouttez.

Épluchez et hachez très finement l'échalote. Dans un très grand saladier, mélangez la crème fraîche, l'échalote, les graines de carvi égouttées et le jus de citron. Enrobez les côtes de cette crème, salez et poivrez.

Coupez les tranches de saumon fumé en dés de 2 cm.

Placez les côtes de romaine dans les assiettes en les disposant deux par deux sur trois étages, mais pas plus : ensuite, l'équilibre devient précaire. Parsemez des dés de saumon fumé et de pluches d'aneth.

au cœur des épices

Cette salade est une véritable petite architecture dans l'assiette. Les côtes de romaine croquent sous la dent ; c'est une entrée pleine de fraîcheur que le carvi souligne d'une pointe anisée.

le conseil vin

La souplesse d'un pinot blanc d'Alsace ou le fruité d'un sauvignon (pouilly-fumé).

Salade de haricots verts à la coriandre fraîche

Pour 4 personnes

Préparation : 20 mn
Cuisson : 10 mn

- 800 g de haricots verts extra-fins
- 2 échalotes
- 1 botte de coriandre fraîche
- 1/2 citron
- 3 cuil. à soupe de crème fraîche épaisse
- sel fin, gros sel, poivre du moulin

Équeutez les haricots verts. Dans une grande casserole, portez à ébullition 2 litres d'eau avec 20 g de gros sel. Préparez un grand saladier, ou une cuvette, rempli à parts égales d'eau froide et de glaçons.

Lorsque l'eau bout, plongez-y les haricots et faites-les cuire 10 mn à partir du retour de l'ébullition. Contrôlez la cuisson : les haricots doivent rester croquants. Retirez-les, plongez-les immédiatement dans l'eau glacée, égouttez-les dans une passoire : il faut qu'ils soient bien secs.

Dans un petit bol, mélangez la crème fraîche et le jus de citron. Effeuillez, lavez la coriandre et séchez-la dans du papier absorbant ; hachez-la assez finement au couteau ; épluchez et hachez finement les échalotes. Mélangez tous ces ingrédients à la crème citronnée et assaisonnez selon votre goût. Ajoutez les haricots verts, mélangez bien le tout et répartissez-le en buisson dans chaque assiette. •

au cœur **des épices**

La coriandre est une herbe au parfum très envoûtant. Il suffit juste de quelques feuilles pour embaumer un plat.

le conseil **vin**

Un morgon ou un fleurie, mais aussi un bourgueil ou un chinon.

Salade tiède d'encornets à l'huile de sésame grillé

Pour 6 personnes
Préparation : 5 mn
Cuisson : 25 mn

- 1 kg d'encornets moyens (de 200 g environ chacun)
- 1 bulbe de fenouil
- 1 belle tomate
- 1 échalote
- 1 branche de thym
- 1 feuille de laurier
- 10 cl de sauvignon blanc sec
- 2 cuil. à soupe d'huile de sésame grillé
- 2 cuil. à soupe d'huile d'arachide
- 1 cuil. à soupe de vinaigre de jerez
- gros sel, sel fin, poivre du moulin

Si vous êtes en bons termes avec votre poissonnier, il nettoiera les encornets pour vous, sinon il vous faudra les gratter pour les débarrasser de leur peau grise, puis les vider, rincer l'intérieur et éliminer le bec qui est très dur. Ensuite, coupez en rondelles le corps de chaque encornet et tranchez en deux la partie tentacules.

Portez à ébullition 1 litre d'eau avec 1 pincée de gros sel. Coupez le bulbe de fenouil nettoyé et paré en deux dans le sens de la longueur, puis taillez chaque moitié en lamelles aussi fines que possible. Faites blanchir ces lamelles 30 secondes dans de l'eau bouillante, retirez-les avec une écumoire, rafraîchissez-les immédiatement dans de l'eau froide, puis égouttez-les dans une passoire et ensuite sur du papier absorbant. Ne jetez pas l'eau de blanchiment. Ajoutez à cette eau le vin blanc, le thym et le laurier, puis les encornets. Faites cuire 25 mn dès le retour de l'ébullition. Débarrassez les encornets dans une passoire, égouttez-les soigneusement.

Pelez et hachez l'échalote. Coupez la tomate en dés. Réunissez dans un saladier les huiles, le vinaigre, le fenouil, les encornets, l'échalote et la tomate. Mélangez bien, salez et poivrez. Servez. •

au cœur des épices

C'est une salade que vous pouvez servir aussi bien tiède que froide. Le parfum du sésame grillé vous transportera de l'autre côté de la planète.

le conseil vin

Un chardonnay du domaine Henry de Saint-Georges-d'Orques.

Escabèche de maquereaux au soja et au gingembre

Pour 4 personnes

Préparation : 15 mn
Cuisson : 1 mn
Macération : 5 h

- 4 maquereaux de 200 g chacun
- 1 citron vert
- 1 botte de coriandre fraîche
- 50 g de gingembre jeune
- 10 cl de sauce de soja
- 10 cl de vinaigre de riz japonais
- 1 cuil. à café de sucre en poudre

au cœur des épices

À mi-chemin entre la tradition méditerranéenne et l'art culinaire japonais, cette recette est un vrai régal en été. Vous l'accompagnerez avec bonheur d'une salade de poivrons ou d'aubergines. Le gingembre jeune apporte à la marinade un surcroît de fraîcheur.

le conseil vin

Les vins blancs de Provence sont classiques mais parfaits. Celui du domaine Gavoty est mon préféré, mais les blancs de Corbières sont également très indiqués pour accompagner cette préparation.

Faites lever les filets des maquereaux par votre poissonnier. Passez les doigts délicatement sur les filets côté chair pour repérer les arêtes et retirez-les avec une pince à épiler. Ce n'est pas très compliqué et vous en ressentirez tout l'agrément lors de la dégustation.

Épluchez le gingembre. Râpez-le avec une râpe à gruyère ou à gingembre. Dans une petite casserole, versez le vinaigre, le jus de citron vert, la sauce de soja, le gingembre râpé, le sucre et 40 cl d'eau. Portez à ébullition, retirez du feu et réservez.

Parsemez le fond d'un plat à gratin de brins de coriandre fraîche. Disposez les filets de maquereau côté peau sur la coriandre. Une fois la marinade tiédie, versez-la doucement sur les filets de poisson. Le liquide doit recouvrir totalement les filets. Couvrez d'un film alimentaire et laissez reposer au réfrigérateur 5 h environ.

Égouttez les filets de maquereau, filtrez la marinade et récupérez les branches de coriandre, que vous répartirez sur chaque filet. Dressez 2 filets dans chaque assiette et servez.

Rillettes de thon à l'aneth et aux quatre poivres

Pour 6 à 8 personnes

Préparation : 20 mn
Cuisson : 10 mn
Réfrigération : 3 h

- 600 g de thon rouge paré
- 1 citron
- 1 botte d'aneth frais
- 2 échalotes
- 10 grains de poivre du Sichuan
- 5 grains de poivre de la Jamaïque
- 5 baies de poivre rose
- 10 grains de maniguette
- 200 g de beurre
- 5 cl d'huile d'olive
- sel fin

au cœur **des épices**

C'est une entrée pleine de saveur, facile à réaliser, facile à conserver, facile à servir. Ce mélange de vrai poivre et de baies qui lui sont assimilées donne une saveur rafraîchissante au thon en rillettes.

le conseil **vin**

Un muscadet de chez Landon ou un mâchon blanc conviennent très bien, mais vous pouvez aussi servir un bon chenin du Val de Loire (un vouvray du domaine Champalou, ou un savennières de chez Soulez.)

Pelez les échalotes ; hachez-les très finement. Lavez l'aneth, essorez-le et hachez-le. Taillez la chair de thon en dés de 2 cm de côté. Coupez le beurre en petits morceaux et travaillez-le à la fourchette pour le ramollir et le lisser. Dans un robot, un mixeur ou un moulin à café, broyez finement les quatre poivres.

Dans une sauteuse, faites chauffer doucement l'huile d'olive. Ajoutez les échalotes et faites-les cuire 1 mn. Ajoutez les dés de thon et faites cuire en remuant avec précaution : le thon doit rester rosé au centre. Laissez tiédir la préparation hors du feu.

Incorporez tous les autres ingrédients en une seule fois, et mélangez avec une spatule en bois jusqu'à l'obtention de rillettes bien homogènes. Rectifiez l'assaisonnement en sel et ajoutez le jus de citron.

Garnissez de film alimentaire une terrine ou une boîte en plastique rectangulaire. Versez-y les rillettes de thon et laissez prendre 2 à 3 h au réfrigérateur.

Salade « macaronade » à la noix de muscade

Pour 2 à 4 personnes

Préparation : 30 mn
Cuisson : 15 mn
Réfrigération : 4 h

- 300 g de *penne* (gros macaronis courts)
- 3 gousses d'ail
- 3 tomates bien mûres
- 1 botte de persil plat
- 1 noix de muscade
- 1 boule de mozzarella ou 100 g de feta
- 10 cl d'huile d'olive
- 1 cuil. à soupe de vinaigre de jerez
- sel fin, gros sel

Faites cuire les *penne* dans une grande casserole d'eau bouillante additionnée de gros sel en respectant le temps de cuisson indiqué sur le paquet. Gardez-les *al dente*. Rafraîchissez-les sous l'eau froide courante et égouttez-les bien.

Épluchez les gousses d'ail et coupez-les en deux. Dans un saladier, mélangez les *penne*, l'ail et l'huile d'olive. Couvrez d'un film alimentaire et réservez 4 h au froid.

Plongez les tomates 15 secondes dans de l'eau bouillante, rafraîchissez-les et pelez-les. Coupez-les en 8 quartiers.

Taillez en dés la mozzarella ou la feta. Hachez le persil plat. Sortez le saladier du réfrigérateur, retirez les gousses d'ail, ajoutez les tomates, le vinaigre et le persil. Saupoudrez la salade de 3 ou 4 bonnes râpures de noix de muscade. Salez en mélangeant doucement. Servez avec la noix de muscade et sa râpe pour que chacun puisse compléter l'assaisonnement à son goût. •

au cœur des épices

La noix de muscade apporte une pointe originale aux saveurs bien connues de l'ail et de l'huile d'olive. Cette salade, qui se prépare à l'avance, peut servir d'entrée, ou de plat unique pour un léger dîner estival.

le conseil vin

Un bandol blanc du domaine de Terrebrune.

Salade de blanc de dinde à l'huile vanillée

Pour 4 personnes

Préparation : 15 mn
Cuisson : 20 s

- 1 blanc de dinde cru très finement tranché (environ 60 g par personne)
- 200 g de mâche, de rougette ou de toute autre salade douce
- 1/2 citron
- 1 gousse de vanille
- 10 cl d'huile d'arachide
- sel fin

À l'aide d'un couteau tranchant, fendez la gousse de vanille sur toute sa longueur. Raclez l'intérieur pour prélever les graines, mélangez celles-ci à l'huile. Réservez.

Épluchez la mâche, lavez-la dans trois eaux, essorez-la et déposez-la dans un saladier pour l'assaisonner.

Dans une poêle antiadhésive, faites chauffer doucement et légèrement l'huile vanillée. Salez les tranches de dinde, faites-les cuire dans cette huile sur feu doux, sans coloration, 10 secondes de chaque côté. Réservez.

Assaisonnez la mâche avec 3 cuillerées à soupe d'huile vanillée, le jus de citron et un peu de sel. Répartissez la salade dans les assiettes et disposez les blancs de dinde tièdes sur la mâche. Servez aussitôt.

au cœur des épices

La vanille est une épice oubliée des préparations salées. Voilà une recette qui flattera votre palais ! Il faut trancher le blanc de dinde le plus finement possible, comme du papier à cigarette.

le conseil vin

Un tokay-pinot gris ou un chardonnay de l'Ardèche.

Flan de potimarron au sésame noir et aux gésiers confits

Pour 4 personnes

Préparation : 15 mn
Cuisson : 45 mn

- 8 gésiers confits
- 600 g de potimarron pelé et nettoyé
- 1 botte de ciboulette
- 2 œufs
- 10 cl de crème liquide
- 10 cl de lait
- 4 cuil. à soupe d'huile de sésame grillé
- 1 cuil. à soupe de graines de sésame noir
- sel, poivre

au cœur des épices

Les terroirs français et japonais se rencontrent dans cette recette. Au Japon, le sésame est très largement utilisé ; il faut reconnaître que son goût subtil trouve sa place dans de nombreuses préparations. Je résiste difficilement au plaisir d'humecter le bout de mon doigt et de le plonger dans ces petites graines pour les croquer avec délice. L'huile de sésame grillé, de couleur plus sombre que celle de sésame cru, se trouve dans les alimentations chinoises et japonaises (alors que l'autre est plutôt appréciée des Indiens).

le conseil vin

Un pouilly-fuissé ou un riesling.

Coupez le potimarron en morceaux de 2 cm de côté et faites-les cuire 15 mn au four à micro-ondes.

Égouttez les gésiers confits ; séchez-les avec un papier absorbant. Coupez-les en quatre et disposez-les dans le fond de 4 moules à crème brûlée (ramequins plats ou plats à œufs en porcelaine).

Préchauffez le four à 100 °C (th. 2-3). Quand le potimarron est cuit, mettez-le dans le bol d'un mixeur avec l'huile de sésame grillé, les œufs, le lait et la crème liquide. Salez, poivrez et mixez 1 mn. Répartissez la crème dans les ramequins, déposez ceux-ci dans un plat à bain-marie, versez de l'eau très chaude dans le plat et enfournez le tout. Faites cuire 30 mn.

Lorsque les flans sont cuits et sortis du four, ciselez très finement la ciboulette et répartissez-la sur leur surface. Parsemez de graines de sésame noir et servez tiède.

Salade tiède de rognons d'agneau en mendiant d'épices

Pour 4 personnes

Préparation : 15 mn
Cuisson : 6 mn

- 4 rognons d'agneau, coupés en deux, pelés et dénervés
- 50 g de maïs en grains
- 50 g de trévise rouge
- 50 g de cerneaux de noix
- 4 abricots secs
- 10 graines de fenugrec
- 10 graines de moutarde
- 10 graines de coriandre
- 1 pincée de poudre de cari
- 1 cuil. à soupe de vinaigre balsamique
- 3 cuil. à soupe d'huile de noix
- 1 cuil. à soupe d'huile d'arachide
- sel fin

au cœur des épices

Cette salade tiède évoque certaines préparations de la « cuisine de rue » chinoise, où les produits sont saisis à feu vif dans un wok et servis immédiatement. La qualité du produit est ainsi exaltée, et les épices sont là pour la pointe d'impertinence.

le conseil vin

Un morgon ou un irancy.

Réunissez dans un bol le vinaigre, l'huile de noix, la pincée de cari et un peu de sel. Fouettez et réservez.

Réunissez dans une casserole les noix et les épices en grains. Couvrez d'eau, portez à ébullition et laissez cuire 2 mn, puis filtrez à travers une passoire.

Taillez les abricots secs en petits dés. Épluchez et lavez la trévise. Égouttez les grains de maïs. Mélangez dans un bol les épices et les noix avec le maïs et les dés d'abricot afin d'obtenir la garniture mendiant. Répartissez la trévise dans les assiettes.

Faites chauffer l'huile d'arachide dans une poêle. Salez les rognons et faites-les cuire 2 mn de chaque côté. Réservez-les 1 mn dans une assiette afin qu'ils rendent leur jus.

Jetez l'huile de cuisson et ajoutez à la place la garniture mendiant réservée. Faites chauffer doucement.

Déposez les demi-rognons sur la trévise, parsemez de garniture mendiant et arrosez de la vinaigrette.

Aubergines à la feta, aux noisettes et à la citronnelle

Pour 4 personnes

Préparation : 30 mn
Cuisson : 10 mn

- 2 aubergines
- 1 citron
- 1 tige de citronnelle
- 250 g de feta grecque
- 50 g de noisettes entières
- 10 cl d'huile de noisette
- 10 cl d'huile d'olive
- sel, poivre mignonnette

Concassez les noisettes au couteau et faites-les griller à sec dans une poêle. Réservez.

Mélangez l'huile de noisette et le jus de citron. Hachez finement 2 cm du bulbe inférieur de la citronnelle et ajoutez-le à l'assaisonnement. Lavez et parez les aubergines, coupez-les dans le sens de la longueur en lamelles de 1 cm d'épaisseur (4 tranches par aubergine). Déposez-les dans un plat, salez.

Dans une grande poêle, faites chauffer la moitié de l'huile d'olive et déposez-y 4 tranches d'aubergine. Faites dorer sur une face, versez 1 verre d'eau dans la poêle et couvrez. Quand l'eau est entièrement évaporée, retournez les tranches et laissez colorer. Renouvelez l'opération avec les 4 autres tranches. Déposez 2 tranches dans chaque assiette.

Émiettez la feta sur les aubergines tièdes et nappez le tout de vinaigrette à l'huile de noisette. Parsemez de poivre mignonnette et de noisettes grillées. •

au cœur **des épices**

Ici, la citronnelle est utilisée comme une échalote. Sa saveur se marie parfaitement avec celle de la feta.

le conseil **vin**

Un côtes-de-provence, ou un gaillac mauzac roux ou vert de chez Plageoles.

Asperges vertes au café d'épices

Pour 4 personnes

Préparation : 30 mn
Cuisson : 10 mn

- 800 g d'asperges vertes
- 1/2 citron vert
- 1/2 cuil. à café de graines de coriandre
- 1/2 cuil. à café de poivre du Sichuan
- 1/2 cuil. à café de graines de cumin
- 1/2 cuil. à café de graines de moutarde
- 20 cl de crème liquide
- 1 cuil. à soupe de gros sel
- sel fin, poivre du moulin

Épluchez les asperges avec un couteau économe en partant de la tête ; ce faisant, ayez soin de les garder bien à plat pour éviter qu'elles ne se cassent.

Réunissez toutes les épices entières dans une poêle. Torréfiez-les à sec sur feu doux, jusqu'à ce qu'elles brunissent légèrement. Versez-les dans un mixeur et broyez-les 10 secondes.

Dans une casserole, faites bouillir la crème liquide et les épices. Faites réduire 2 mn, ajoutez le jus de citron vert, salez et poivrez. Filtrez à travers une passoire très fine.

Portez à ébullition une grande casserole d'eau additionnée de gros sel. Plongez-y les asperges et laissez-les cuire 5 mn. Égouttez-les, coupez-les en morceaux de 3 cm de longueur environ. Répartissez-les dans 4 assiettes creuses et nappez avec la sauce.

au cœur **des épices**

Le grillage et le broyage des épices sont des opérations envoûtantes ; la cuisine est envahie de senteurs qui se graveront dans votre mémoire. Il vous tardera de recommencer. C'est une expérience rare du plaisir de cuisiner : le goût et l'odorat communient à leur plus haut niveau.

le conseil **vin**

Un condrieu ou un tokay-pinot gris d'Alsace.

Crevettes et patates douces au cari

Pour 4 personnes

Préparation : 15 mn
Cuisson : 6 mn

- 400 g de crevettes roses cuites, décortiquées
- 500 g de patates douces
- 1 botte de coriandre fraîche
- 1/2 cuil. à café de poudre de cari
- 2 cuil. à soupe de vinaigre balsamique
- 5 cuil. à soupe d'huile d'arachide
- 5 cuil. à soupe d'huile d'olive
- sel fin

au cœur des épices

La patate douce est rare dans les préparations quotidiennes, pourtant elle peut se révéler très surprenante. Son petit goût sucré ouvre toutes les portes, des associations les plus simples aux plus sophistiquées. Elle se marie à merveille avec les épices. Ce tubercule existe en plusieurs variétés : à chair blanche, à chair jaune, à chair orange… La variété orange à peau violacée a tendance à être plus fondante et plus sucrée. La patate douce *(Ipomœa batatas)* n'appartient pas à la famille de la pomme de terre mais à celle du liseron.

le conseil vin

Un vouvray sec du domaine Champalou ou un anjou blanc.

Épluchez et lavez les patates douces. Taillez-les en rondelles de 1 mm d'épaisseur. Faites chauffer l'huile d'arachide dans une poêle antiadhésive, répartissez-y les rondelles de patate douce de façon qu'elles soient toutes en contact avec le fond de la poêle. Si votre poêle est trop petite, procédez en deux fois. Faites-les cuire 3 mn de chaque côté, puis débarrassez-les sur un papier absorbant.

Dans un bol, fouettez le vinaigre balsamique, l'huile d'olive, la poudre de cari et un peu de sel.

Disposez les patates douces en rosace dans le fond de 4 assiettes. Faites tiédir les crevettes dans la poêle qui a servi aux patates douces, déposez-les au centre de la rosace et arrosez-les de la vinaigrette. Parsemez les assiettes de pluches de coriandre fraîche.

Mousse de trompettes-des-morts au safran

Pour 4 personnes

Préparation : 20 mn
Cuisson : 15 mn

- 500 g de trompettes-des-morts
- 300 g de champignons de Paris
- 1/2 gousse d'ail râpée
- 1 échalote
- 1 botte de cerfeuil
- 1 pincée de pistils de safran
- 150 g de crème fraîche épaisse
- 30 g de beurre
- sel fin

au cœur des épices

Une concentration d'arômes de sous-bois avec l'élégance du safran : un vrai festival pour les papilles. Vous pouvez remplacer les trompettes-des-morts par tout autre champignon sauvage. À défaut de safran, remplacez-le par 1/2 cuillerée à café de curcuma et 1/2 cuillerée à café de cari.

le conseil vin

Un vin blanc de Cairanne du domaine Corinne Couturier ou un vin du Jura.

Coupez la base des pieds des champignons de Paris et lavez-les dans trois eaux. Séchez-les et taillez-les en fines lamelles. Réservez.

Coupez la base des trompettes-des-morts et fendez-les en deux dans le sens de la longueur. Lavez-les dans trois eaux.

Épluchez l'échalote et hachez-la très finement. Faites fondre la moitié du beurre dans une sauteuse d'environ 30 cm de diamètre et faites-y cuire l'échalote 1 mn sans coloration. Ajoutez tous les champignons en conservant 100 g de trompettes-des-morts pour la finition. Couvrez 1 mn puis laissez réduire l'eau de végétation à sec. Ajoutez la crème fraîche, le safran et l'ail râpé. Faites cuire 5 mn, salez, versez toute la préparation dans un mixeur et réduisez 1 mn en pâte fine.

Faites chauffer le reste du beurre et poêlez les trompettes-des-morts restantes en remuant fréquemment jusqu'à ce qu'elles soient croustillantes. Répartissez la purée dans 4 assiettes creuses et parsemez de champignons. Décorez de pluches de cerfeuil.

Salade épicée de haricots tarbais, champignons sauvages

Pour 4 personnes

Préparation : 20 mn
Cuisson : 45 mn
Trempage : 12 h

- 200 g de haricots tarbais
- 400 g de champignons sauvages (girolles, chanterelles, trompettes-des-morts, mousserons, etc.)
- 1 échalote
- 1 oignon
- 1 carotte
- 1 branche de céleri
- 1 cuil. à café de graines de coriandre
- 1 cuil. à café de sumac (ou, à défaut, de paprika)
- 1 cuil. à café de coriandre en poudre
- 2 cuil. à soupe d'huile de noix
- 1 cuil. à soupe de vinaigre de jerez
- 1 cuil. à café de moutarde de Meaux
- 20 g de beurre
- sel, poivre du moulin

au cœur des épices

La pointe acidulée du sumac et la coriandre font de ce plat d'automne un festival de saveurs.

le conseil vin

Un cairanne rouge du domaine Corinne Couturier ou un crozes-hermitage de chez Bobin.

Faites tremper les haricots toute la nuit.

Épluchez l'oignon et coupez-le en 4 quartiers. Pelez et hachez finement l'échalote. Lavez la carotte et le céleri, épluchez-les. Parez et lavez brièvement les champignons.

Mettez les champignons dans une casserole, couvrez et faites suer 2 mn sur feu moyen pour extraire l'eau de végétation. Égouttez les champignons dans une passoire en récupérant le jus.

Rincez et égouttez les haricots. Réunissez-les dans une casserole avec le jus des champignons, les graines de coriandre, la carotte, les quartiers d'oignon et la branche de céleri. Couvrez d'eau, faites cuire 45 mn, ou jusqu'à ce que les haricots soient tendres.

Mélangez l'huile de noix, les épices en poudre, la moutarde et le vinaigre. Salez.

Dans une poêle, faites chauffer le beurre et faites-y cuire les champignons avec l'échalote. Salez, poivrez.

Égouttez les haricots et éliminez les légumes de cuisson. Dressez les haricots dans un plat creux, arrosez-les de la vinaigrette, mélangez. Couvrez des champignons et servez.

Pommes de terre farcies aux huîtres, sauce cari

Pour 4 personnes

Préparation : 20 mn
Cuisson : 20 mn

- 16 huîtres de Marennes n° 1
- 16 pommes de terre plutôt petites (belle de Fontenay, ou charlotte)
- 2 échalotes
- 1 cuil. à café de cari
- 5 cl de vin blanc sec
- 40 cl de crème fraîche épaisse
- cerfeuil ou persil plat haché
- sel fin, poivre blanc du moulin, gros sel

Épluchez et hachez les échalotes. Réunissez-les avec le vin blanc et le cari dans une casserole de taille moyenne. Faites réduire la préparation presque à sec. Réservez.

Ouvrez les huîtres, détachez-les de leur coquille et récupérez leur jus en le filtrant dans une petite passoire. Réservez les huîtres dans un récipient au frais. Faites cuire les pommes de terre en robe des champs dans une casserole d'eau légèrement salée jusqu'à ce qu'elles soient tendres.

Versez le jus d'huître dans la réduction au cari et faites réduire de moitié sur feu moyen. Ajoutez la crème fraîche, laissez frémir 6 à 7 mn jusqu'à ce que la préparation épaississe. Salez et poivrez à votre goût – attention ! le jus d'huître est déjà très salé. Goûtez avant d'ajouter du sel.

Coupez les pommes de terre dans le sens horizontal aux deux tiers de leur hauteur, puis creusez-les avec une petite cuillère. Taillez une fine couche horizontale à la base de chaque pomme de terre pour qu'elle soit stable dans l'assiette. Mettez 4 pommes de terre dans chaque assiette.

Faites brièvement tiédir les huîtres dans une petite casserole avec le restant de leur jus. Déposez 1 huître dans le creux de chacune des pommes de terre et nappez avec la sauce. Servez aussitôt, accompagné de cerfeuil ou de persil plat.

au cœur **des épices**

Une façon de marier le goût iodé des huîtres avec le ton épicé du cari. Comme ces deux saveurs ont beaucoup de personnalité, dans cette recette la pomme de terre vient tempérer les bourrasques marines de l'huître et les éclats incisifs du cari. Votre repas commencera avec panache.

le conseil **vin**

Un gewurztraminer sec ou un vin du Jura (savagnin et chardonnay).

Gâteau de girolles aux feuilles de limettier

Pour 4 personnes

Préparation : 25 mn
Cuisson : 40 mn

- 600 g de girolles
- 3 œufs
- 1 citron
- 1/2 gousse d'ail râpée
- 1 petit bouquet de ciboulette
- 6 feuilles de limettier (lime kaffir ; ou 1 tige de citronnelle ; à défaut, 1 cuil. à soupe rase de cari)
- 200 g de crème fraîche épaisse
- 2 cuil. à soupe d'huile de noix
- 1 cuil. à soupe de vinaigre de jerez
- sel, poivre du moulin

au cœur des épices

Le limettier, ou la citronnelle, ajoute une petite touche d'arôme qui étonne par sa fraîcheur. Ces gâteaux sont une merveille en entrée, à la saison des champignons.

le conseil vin

Un cairanne blanc au goût légèrement truffé, ou un hermitage blanc.

Coupez en deux les feuilles de limettier (ou fendez en deux la tige de citronnelle). Nettoyez et lavez les girolles. Faites-leur rendre leur eau de végétation à couvert sur feu doux. Lorsque cette eau est presque entièrement évaporée, ajoutez la crème fraîche, l'ail et les feuilles de limettier (ou la citronnelle). Laissez réduire 10 mn. Salez et poivrez. En fin de cuisson, retirez les feuilles de limettier (ou la citronnelle).

Préchauffez le four à 180 °C (th. 5-6). Versez les champignons dans le bol d'un mixeur, ajoutez le jus de citron et broyez jusqu'à l'obtention d'une purée bien lisse. Cassez les œufs et versez-les dans le bol du mixeur. Broyez de nouveau 10 secondes. Répartissez cette préparation dans des ramequins et faites cuire 30 mn au bain-marie dans le four.

Préparez une vinaigrette avec l'huile de noix et le vinaigre de jerez. Ciselez la ciboulette. Répartissez un peu de vinaigrette sur les flans et parsemez de ciboulette. Servez aussitôt.

Foie gras de canard poêlé à la cannelle

Pour 4 personnes

Préparation : 25 mn
Trempage : 12 h
Cuisson : environ 1 h

- 8 tranches de foie gras de canard de 1 cm d'épaisseur (au moment de l'achat, précisez que vous allez le poêler)
- 50 g de pois chiches secs
- 1/2 citron
- 2 pincées de cannelle en poudre
- 1 cuil. à soupe de miel
- sel, poivre blanc du moulin

Mettez les pois chiches à tremper la veille dans de l'eau froide. Le lendemain, rincez-les et égouttez-les, mettez-les dans une casserole d'eau froide légèrement salée, portez à ébullition et faites cuire jusqu'à ce qu'ils soient tendres (environ 1 h).

Salez et poivrez les tranches de foie gras. Réservez-les au froid.

Goûtez un pois chiche pour en contrôler la cuisson. Égouttez les pois chiches quand ils sont cuits, mettez-les dans une poêle avec le miel et la cannelle et faites cuire jusqu'à caramélisation, sur feu moyen. Ajoutez alors 10 cl d'eau et le jus de citron. Faites réduire de moitié. Rectifiez l'assaisonnement en sel et en poivre. Réservez au chaud.

Faites chauffer une poêle à sec. Lorsqu'elle est bien chaude, baissez le feu, déposez-y les tranches de foie gras et faites-les dorer 1 mn de chaque côté. Dressez les tranches de foie gras dans les assiettes et répartissez-y les pois chiches avec un peu de sauce. Servez immédiatement.

au cœur des épices

Une recette pour les jours de fête. La cannelle doit être très justement dosée afin d'obtenir un assaisonnement qui surprenne sans agressivité.

le conseil vin

Un blanc demi-sec de Montlouis ou de Vouvray.

Coquilles Saint-Jacques au beurre de soja

Pour 4 personnes
Préparation : 15 mn
Cuisson : 1 mn

- 12 noix de Saint-Jacques fraîches
- 1/2 citron
- 3 cuil. à soupe de crème fraîche épaisse
- 50 g de beurre bien froid
- 4 cuil. à soupe de sauce de soja (« Kikomman »)
- 1 cl d'huile d'olive
- sel, poivre du moulin

Tranchez chaque noix de Saint-Jacques en deux horizontalement. Salez très légèrement les tranches et réservez-les au frais dans une assiette.

Dans une casserole, faites réduire de moitié la sauce de soja, ajoutez la crème fraîche et faites réduire jusqu'à épaississement. Hors du feu, incorporez le beurre au fouet. Ajoutez quelques gouttes de jus de citron, faites réchauffer la sauce en évitant absolument de la faire bouillir. Ne salez surtout pas ! Réservez.

Dans une poêle antiadhésive, faites chauffer l'huile d'olive. Lorsqu'elle est bien chaude, ajoutez les noix de Saint-Jacques. Faites-les cuire 10 secondes sur chaque face, puis retirez-les de la poêle sans tarder et déposez-les sur un papier absorbant.

Disposez les noix de Saint-Jacques dans une assiette creuse et nappez-les de sauce. Poivrez et servez.

au cœur **des épices**

Dans cette recette, la sauce de soja est mon épice. Sa saveur caramélisée enveloppe le moelleux de la noix de Saint-Jacques, et cet accommodement ressemble à s'y méprendre à un beurre de truffe. Si vous trouvez le goût trop prononcé, ajoutez à la sauce 25 g de beurre.

le conseil **vin**

Un bourgogne blanc (meursault ou chassagne-montrachet).

Cassolette de homard aux petits pois et à la cannelle

Pour 2 personnes

Préparation : 45 mn
Cuisson : 20 mn

- 1 homard de 500 à 600 g
- 200 g de petits pois frais, écossés
- 1/2 citron
- 1 pincée de cannelle en poudre
- 50 g de beurre
- 10 cl de vin blanc sec
- 1 pincée de cassonade (ou de mélasse)
- 1 cuil. à soupe d'huile d'olive
- sel, poivre du moulin

Plongez le homard dans de l'eau froide salée, portez à frémissement et laissez cuire 5 mn. Égouttez-le et réservez-le dans une passoire.

Faites blanchir 8 mn les petits pois à l'eau bouillante bien salée. Contrôlez la cuisson en goûtant un petit pois. Quand ils sont cuits, retirez-les à l'aide d'une écumoire et plongez-les immédiatement dans de l'eau froide. Égouttez.

Décortiquez le homard, coupez la queue en rondelles de 1 cm d'épaisseur et réservez la chair. Gardez la tête pour la décoration.

Concassez grossièrement la carcasse. Mettez les morceaux dans une casserole avec la cannelle, ajoutez le vin blanc et 10 cl d'eau. Laissez réduire de moitié. Versez ce fumet dans une petite casserole à travers une passoire fine, ajoutez le beurre coupé en petits dés, le sucre, le jus de citron, salez et mixez le tout. Rectifiez l'assaisonnement.

Faites chauffer l'huile d'olive dans une poêle antiadhésive. Déposez-y les morceaux de homard, faites-les rissoler 15 secondes puis ajoutez les petits pois. Laissez chauffer 30 secondes en remuant doucement. Répartissez la préparation dans les assiettes et nappez de sauce. Décorez avec la tête du homard coupée en deux. •

au cœur **des épices**

Pour les grands moments, et surtout à la saison du homard. Là encore, dosez très précisément la cannelle, qui ne doit pas envahir le plat.

le conseil **vin**

Un hermitage blanc, un condrieu ou un grand bourgogne.

Coquilles Saint-Jacques à la nage de citronnelle

Pour 2 personnes

Préparation : 20 mn
Cuisson : 45 mn

- 6 noix de Saint-Jacques fraîches
- quelques arêtes de poisson blanc (sole ou turbot de préférence)
- 1 oignon épluché
- 1 branche de thym
- 1 feuille de laurier
- 1/2 citron
- 1 tige de citronnelle
- 1 rondelle de gingembre
- 1 pincée de paprika
- 4 feuilles de limettier (lime kaffir ; ou, à défaut, le zeste de 1/2 citron vert)
- 50 g de beurre
- sel, poivre du moulin

au cœur **des épices**

Encore une variante de la soupe thaïlandaise *tom yam kum,* l'onctuosité du beurre en plus. Les feuilles de lime kaffir et la citronnelle sont en effet deux arômes constitutifs de cette soupe.

le conseil **vin**

Un vin blanc de Bourgogne se mariera très bien avec ce plat : le goût de noisette du chardonnay et celui de la coquille Saint-Jacques sont complémentaires. Optez pour un meursault, un chassagne-montrachet, un hautes-côtes-de-beaune.

Tranchez chaque noix de Saint-Jacques en deux moitiés horizontales. Salez et poivrez les tranches sur chaque face.

Rincez les arêtes à l'eau froide. Mettez-les dans une petite casserole avec l'oignon coupé en fines lamelles, la branche de thym et la feuille de laurier, versez 1 litre d'eau. Faites cuire 20 mn sur feu vif, puis filtrez ce fumet (il doit en rester environ 50 cl) à travers une passoire très fine.

Dans le bol d'un mixeur, réunissez le fumet de poisson, le gingembre, les feuilles de limettier et la tige de citronnelle. Mixez 15 secondes. Reversez le fumet dans une casserole et portez à ébullition. Filtrez au-dessus d'une poêle à travers une passoire fine et laissez réduire : il doit rester 20 cl environ de liquide.

Nettoyez le bol du mixeur et mettez-y le beurre très froid coupé en petits morceaux. Versez-y les 20 cl de fumet bouillant en mixant à grande vitesse jusqu'à ce que le beurre soit bien émulsionné. Ajoutez le jus de citron et du sel. Versez la sauce obtenue dans une poêle et ajoutez les tranches de Saint-Jacques. Laissez frémir 5 secondes. Rectifiez l'assaisonnement. Servez dans des assiettes creuses bien chaudes, parsemé de paprika. •

Poêlée de coques au piment d'Espelette

Pour 4 personnes

Préparation : 35 mn
Cuisson : 10 mn

- 1,5 kg de coques
- 1 oignon
- 1 gousse d'ail
- 1 tige de citronnelle
- 1/2 cuil. à café de piment d'Espelette en poudre (ou, à défaut, de piment sec entier broyé)
- 1 cuil. à café de poivre noir du moulin
- 1 cuil. à café de ras el-hanout
- 5 cl d'huile d'olive
- 1 cuil. à café de sucre en poudre
- gros sel

Épluchez l'oignon et hachez-le. Prélevez le bulbe renflé à la base de la tige de citronnelle et hachez-le finement. Lavez les coques dans trois eaux en les laissant tremper 10 mn à chaque fois.

Dans un faitout, faites chauffer l'huile d'olive avec l'oignon haché et la citronnelle. Faites cuire doucement 1 mn. Ajoutez toutes les épices (sauf le piment) et le sucre, faites cuire 1 mn. Pelez et râpez l'ail, ajoutez-le au contenu du faitout, faites cuire 1 mn.

Ajoutez les coques, 20 cl d'eau et 1 pincée de gros sel. Mélangez, portez à ébullition et faites cuire 1 mn en ayant soin de remuer continuellement. Parsemez de piment d'Espelette et servez aussitôt. •

au cœur des épices

C'est une préparation très rapide, comme l'exige la délicatesse des coques. Le piment d'Espelette, ajouté au dernier moment, communique à l'iode des coquillages son parfum vivace.

le conseil vin

Un jurançon de chez Charles Hours ou un corbières blanc.

Crème froide d'avocat au sésame et aux crevettes

Pour 6 personnes

Préparation : 25 mn
Cuisson : 35 mn
Réfrigération : 2 h au moins

- 300 g d'ailerons de volaille
- 200 g de grosses crevettes décortiquées
- 2 avocats bien mûrs
- 1 citron
- 1 carotte
- 1 oignon
- 1 branche de céleri
- 1 poireau
- 1 cuil. à soupe de graines de sésame grillées
- 20 cl de crème liquide
- 25 g de beurre
- 25 g de farine

au cœur des épices

Une soupe d'été à la fois onctueuse et rafraîchissante, où le sésame grillé rappelle les assaisonnements que les Japonais font sur certaines de leurs soupes.

le conseil vin

Un sauvignon ou un chenin bien sec (vouvray, anjou, saumur), ou les arômes d'un côtes-de-provence.

Épluchez et lavez la carotte, l'oignon, la branche de céleri et le poireau. Coupez les ailerons en petits morceaux et réunissez ces ingrédients dans une grande casserole avec 3 litres d'eau. Laissez cuire 30 mn à gros bouillons : il doit rester 1 litre de liquide.

Dans une seconde casserole, faites fondre le beurre et, à l'aide d'un fouet, ajoutez la farine. Versez à travers une passoire le bouillon sur le roux en trois fois. Ajoutez la crème liquide et faites cuire 5 mn. Laissez refroidir avant de réserver 2 h au moins au réfrigérateur.

Quand la crème est bien froide, versez-la dans le bol d'un mixeur avec la pulpe des avocats et le jus de citron. Mixez pour obtenir une soupe bien lisse.

Coupez les crevettes en rondelles et disposez-les dans le fond des assiettes creuses. Versez la crème d'avocat par-dessus et parsemez de sésame grillé. •

Soupe de tomates au curcuma

Pour 4 personnes

Préparation : 20 mn
Cuisson : 10 mn

- 150 g de noix de coco râpée
- 6 tomates bien mûres (olivettes en saison)
- 1 oignon
- 1/2 citron vert
- 1 petite gousse d'ail
- 1 piment oiseau frais (ou piment vietnamien – facultatif)
- 1 morceau de gingembre de la taille d'une gousse d'ail
- 1 cuil. à café de curcuma
- 1 cuil. à café de coriandre en poudre
- 1 cuil. à soupe d'huile d'arachide
- sel, poivre blanc du moulin

au cœur des épices

Cette soupe d'inspiration indienne peut se déguster tiède ou glacée et se conserve très bien au réfrigérateur. Si vous désirez davantage de parfum, parsemez-la de pluches de coriandre fraîche avant de la servir.

le conseil vin

Un muscadet sur lie ou un sauvignon de Touraine.

Dans le bol d'un mixeur, versez 50 cl d'eau bouillante sur la noix de coco râpée. Mixez 2 mn. Filtrez le mélange dans une passoire fine en pressant pour extraire le maximum de lait de coco.

Lavez les tomates, retirez leur pédoncule et coupez-les en 6 quartiers. Épluchez et hachez l'oignon, pressez le demi-citron vert. Ouvrez le piment en deux, éliminez ses graines et hachez-le finement. Râpez le gingembre et la gousse d'ail.

Faites chauffer l'huile dans une casserole, ajoutez l'oignon, le gingembre, le piment, l'ail et les épices en poudre. Faites cuire 1 mn sur feu très doux. Ajoutez le lait de coco, laissez frémir 5 mn. Ajoutez les tomates et le jus de citron vert ; faites cuire 2 mn. Salez, poivrez.

Répartissez les morceaux de tomate dans les assiettes puis versez doucement le liquide. Servez. •

Soupe froide de concombre à la coriandre

Pour 4 personnes

Préparation : 30 mn
Cuisson : 12 mn
Réfrigération : 4 h

- 2 concombres
- 1 gros oignon
- 1/2 gousse d'ail
- 40 feuilles de coriandre fraîche
- 10 feuilles de menthe fraîche
- 50 cl de fond de volaille
- 10 cl de crème fraîche épaisse
- 2 cuil. à soupe de vinaigre de jerez
- 2 cuil. à soupe d'huile d'olive
- sel, poivre

Épluchez les concombres et coupez-les en deux dans le sens de la longueur. À l'aide d'une cuillère, retirez les pépins. Détaillez les concombres en tranches, le plus finement possible.

Épluchez et hachez très finement l'oignon. Épluchez la demi-gousse d'ail et râpez-la avec une râpe fine.

Dans une casserole, sur feu doux, faites chauffer l'huile d'olive, ajoutez l'oignon et l'ail. Faites cuire 1 mn sans coloration. Ajoutez les concombres et remuez avec une spatule en bois. Ajoutez le fond de volaille et la crème fraîche. Laissez cuire 10 mn. Salez et poivrez.

Versez dans le bol d'un mixeur la moitié de la préparation. Mixez 1 mn avec la moitié de la menthe, la moitié de la coriandre et 1 cuillerée à soupe de vinaigre de jerez. Renouvelez l'opération pour le restant de la soupe et filtrez l'ensemble à travers une passoire. Réservez le tout 4 h au moins au réfrigérateur.

Fouettez la soupe avant de la répartir dans les assiettes et parsemez de pluches de coriandre. •

au cœur **des épices**

Une entrée rafraîchissante et légère que la coriandre vient épanouir pour le régal de nos papilles.

le conseil **vin**

Un mâcon-villages ou un chardonnay de l'Ardèche.

Soupe de potimarron à la citronnelle

Pour 4 personnes

Préparation : 30 mn
Cuisson : 45 mn

- 300 g d'ailerons de volaille
- 1 kg de potimarron
- 1/2 citron
- 1 branche de céleri
- 1 carotte
- 1 oignon
- 1 poireau
- 2 tiges de citronnelle écrasées
- 20 cl de crème liquide
- 25 g de beurre
- 25 g de farine
- 1 cuil. à soupe d'huile de noisette
- sel fin

au cœur **des épices**

Ici encore le terroir français, à travers l'huile de noisette, et l'Asie, avec la citronnelle, s'associent en une complémentarité subtile : onctuosité, fraîcheur, parfums, tout y est. Même les plus réticents à l'égard de la « citrouille » seront confondus.

le conseil **vin**

Un vouvray tendre du domaine Champalou, ou un montlouis.

Épluchez et lavez le céleri, la carotte, l'oignon et le poireau. Coupez-les en rondelles. Coupez les ailerons de volaille en très petits morceaux. Réunissez tous ces ingrédients ainsi que la citronnelle dans une grande casserole, couvrez de 3 litres d'eau, portez à ébullition et faites cuire 30 mn : il doit rester 1 litre de liquide.

Épluchez le potimarron, retirez-en le cœur et les graines. Taillez la pulpe en dés de 2 cm environ et faites-les cuire 10 mn au four à micro-ondes ou à la vapeur.

Dans une autre grande casserole, faites fondre le beurre, ajoutez la farine et mélangez au fouet. Versez le bouillon en trois fois à travers une passoire, en ayant soin de bien fouetter entre chaque adjonction de liquide. Ajoutez la crème liquide et faites bouillir 5 mn.

Mettez le potimarron dans le bol d'un mixeur, ajoutez le bouillon et mixez de façon à obtenir une soupe bien lisse. Rectifiez l'assaisonnement en sel, incorporez le jus de citron et l'huile de noisette. Servez.

Soupe de citron confit au safran

Pour 4 personnes

Préparation : 20 mn
Cuisson : 40 mn

- 300 g d'ailerons de volaille
- 1 branche de céleri vert
- 1 carotte
- 1 poireau
- 1 oignon
- 1 citron non traité
- 1 cuil. à café de safran en poudre ou 1 pincée de pistils
- 20 cl de crème liquide
- 25 g de beurre
- 25 g de farine
- sel, poivre du moulin

Épluchez et lavez le céleri, la carotte, l'oignon et le poireau. Coupez les ailerons en petits morceaux. Réunissez tous ces ingrédients dans une grande casserole et couvrez de 3 litres d'eau. Faites cuire 30 mn à forte ébullition ; il doit rester 1 litre de bouillon.

Dans une autre casserole, couvrez d'eau le citron entier, portez à ébullition et faites cuire 5 mn. Jetez l'eau et renouvelez trois fois cette opération. Retirez le citron, coupez-le en deux.

Dans une troisième casserole, faites fondre le beurre. Ajoutez la farine et le safran, mélangez bien à l'aide d'un fouet. Versez, à travers une passoire, le bouillon de légumes et d'ailerons de volaille en quatre fois, en ayant soin de bien fouetter entre chaque adjonction de bouillon. Ajoutez la crème liquide et faites bouillir 5 mn.

Réunissez dans le bol d'un mixeur une moitié de citron (l'autre moitié peut être congelée pour une autre fois), la soupe (qui doit arriver à mi-hauteur du bol), et mixez. Passez le mélange à travers une passoire très fine. Rectifiez l'assaisonnement si nécessaire et servez. •

au cœur des épices

Cette soupe, que j'ai imaginée chaude, peut également se consommer froide. L'apport de citron confit lui donne un accent méditerranéen et l'ajout de safran un aspect plutôt proche-oriental. En été, j'y ajoute de petits dés de fond d'artichaut cuit.

le conseil vin

Un vin blanc des côtes de Provence ou de Bergerac.

Soupe de moules aux amandes et au colombo

Pour 4 personnes

Préparation : 15 mn
Cuisson : 15 à 20 mn

- 1 litre de moules de bouchot
- 100 g de pommes de terre (belle de Fontenay)
- 1 oignon
- 2 poireaux
- 1 branche de thym
- 1 feuille de laurier
- 1 cuil. à café de poudre de colombo (ou de cari indien)
- 2 cuil. à café d'amandes concassées
- 10 cl de crème fraîche épaisse
- 20 g de beurre
- 2 cuil. à soupe de farine
- 20 cl de vin blanc sec

au cœur **des épices**

Le colombo est la version antillaise du cari. Les combinaisons d'épices sont différentes mais restent toujours très parfumées… et pimentées. Attention au dosage !

le conseil **vin**

Évidemment un gewurztraminer ! Le domaine Barmès-Buecher propose divers gewurztraminers qui se marient très bien avec le cari.

Grattez les moules et lavez-les dans plusieurs eaux. Pelez et hachez l'oignon. Lavez et émincez très finement les poireaux. Lavez et épluchez les pommes de terre, coupez-les en dés de 1 cm et réservez-les dans de l'eau froide.

Dans une casserole assez grande, faites fondre 2 mn le beurre avec l'oignon et les poireaux. Ajoutez le colombo, faites cuire 1 mn. Ajoutez la farine et faites cuire encore 1 mn en remuant constamment à l'aide d'une spatule en bois.

Dans une autre casserole, portez à ébullition le vin blanc, 50 cl d'eau, le thym et le laurier. Plongez-y les moules 2 mn, le temps qu'elles s'ouvrent. À travers une passoire fine, filtrez ce liquide bouillant au-dessus de la première casserole en fouettant énergiquement. Ajoutez la crème fraîche, les pommes de terre et laissez cuire 5 mn.

Décortiquez les moules, répartissez-les dans 4 assiettes creuses.

Faites doucement colorer les amandes à sec dans une poêle. Versez la soupe bouillante sur les moules et parsemez chaque assiette d'amandes grillées. Servez bien chaud. •

Bouillon de palourdes aux feuilles de limettier

Pour 4 personnes

Préparation : 25 mn
Cuisson : 10 mn
Trempage : 1 h

- 1 kg de palourdes
- 2 tomates pas trop mûres
- 1/2 citron vert
- 2 échalotes
- 10 g de gingembre frais
- 2 feuilles de limettier (lime kaffir ; ou 6 cm de zeste de citron vert non traité)
- 1 tige de citronnelle
- 100 g de beurre
- 20 cl de vin blanc sec
- quelques pluches de coriandre fraîche
- sel, poivre du moulin

Laissez tremper les palourdes 1 h dans de l'eau fraîche. Sortez-les de l'eau à la main en prenant soin de laisser le sable au fond. Rincez-les dans trois ou quatre eaux et réservez-les dans une grande casserole.

Pelez les échalotes, puis le gingembre avec la pointe d'un couteau. Rincez les feuilles de limettier et la tige de citronnelle (la partie bulbeuse uniquement). Réunissez ces ingrédients dans le bol d'un mixeur et broyez-les finement pour obtenir une pâte.

Dans une casserole, faites fondre 20 g de beurre, ajoutez les ingrédients broyés, faites-les cuire 1 mn sur feu doux. Ajoutez le vin et 30 cl d'eau, faites bouillir 5 mn. Versez ce bouillon, à travers une passoire très fine, sur les palourdes. Couvrez la casserole et portez à ébullition, remuez avec une spatule en bois. Faites cuire 2 mn à couvert. Passez le jus de cuisson dans une autre casserole en retenant les palourdes avec le couvercle. Portez ce jus à ébullition, ajoutez le jus de citron vert et incorporez au fouet le reste de beurre en petits morceaux.

Pelez les tomates après les avoir plongées quelques secondes dans de l'eau bouillante et coupez-les en dés de 1 cm environ. Ajoutez-les au bouillon ainsi que les pluches de coriandre, salez, poivrez.

Répartissez les palourdes dans les assiettes creuses et ajoutez le bouillon très chaud, ou servez-le à part, en soupière.

au cœur des épices

Cette soupe aromatique est un clin d'œil au *tom yam kum*, son homologue thaïlandais léger et parfumé.

le conseil vin

Un sauvignon de Sancerre ou de Touraine.

Crème de lentilles au cari

Pour 4 personnes

Préparation : 15 mn
Cuisson : 30 mn

- 100 g de lard fumé
- 200 g de lentilles
- 1 oignon
- 1 bâton de cannelle
- 1 clou de girofle
- 1 cuil. à soupe rase de poudre de cari
- 1/2 cuil. à café de poudre de coriandre
- 20 cl de crème fraîche
- 20 cl de lait
- 20 g de beurre
- sel

Épluchez et hachez finement l'oignon. Retirez la couenne du lard et taillez-le en très petits dés. Rincez et égouttez les lentilles.

Dans une grande casserole, faites chauffer le beurre, ajoutez l'oignon et le lard. Faites cuire doucement 1 mn en remuant régulièrement avec une spatule en bois. Ajoutez toutes les épices, mélangez bien, puis ajoutez les lentilles. Faites cuire 1 mn en remuant. Versez 1 litre d'eau et faites cuire 30 mn sur feu doux.

En fin de cuisson, quand les lentilles ont absorbé presque toute l'eau, ajoutez le lait et la crème fraîche. Portez à ébullition et salez à votre goût. Retirez la cannelle et le clou de girofle.

Versez cette préparation dans le bol d'un mixeur et mixez 30 secondes. L'opération s'effectue en deux fois : attention à ne pas trop remplir le bol. Détendez la soupe avec un peu de lait si nécessaire et passez le tout à travers une passoire fine pour éliminer la peau des lentilles. Faites réchauffer et servez aussitôt.

au cœur **des épices**

Lors de mon séjour en Asie, j'ai eu plusieurs fois l'occasion de manger du *dal* indien, qui m'a inspiré cette recette de soupe, adaptée au goût européen.

le conseil **vin**

Un gewurztraminer ; vous pouvez également servir un blanc de Loire demi-sec : vouvray ou montlouis.

Bouillon simple de poule aux épices chinoises

Pour 4 personnes

Préparation : 25 mn
Cuisson : environ 30 mn

- 200 g de blancs de volaille
- 2 à 3 carcasses de poulet ou de poule, ou 500 g d'ailerons de volaille
- 1 poireau
- 1 carotte
- 1 oignon
- 1 laitue
- 1 feuille de laurier
- 1 branche de thym
- quelques brins de ciboule
- 6 couronnes d'anis étoilé
- 1 bâton de cannelle de Chine (bois de casse)
- 1/2 botte de coriandre
- 4 cuil. à soupe de sauce de soja
- 100 g de germes de soja (facultatif)

au cœur des épices

En Chine, cette soupe est servie au petit déjeuner. Ici, elle pourra être préparée à l'avance, gardée au frais et servie impromptue, par exemple au retour tardif d'une fête.

le conseil vin

Un blanc de Corbières ou un côte-de-Provence.

Épluchez et lavez tous les légumes : poireau, carotte, oignon, laitue. Émincez finement la carotte, le poireau et l'oignon. Taillez la laitue en chiffonnade et réservez-la.

Réunissez dans une casserole les carcasses ou les ailerons concassés en petits morceaux, les légumes (sauf la laitue), l'anis étoilé et la cannelle, ainsi que le laurier et le thym. Couvrez de 4 litres d'eau, portez à ébullition et écumez jusqu'à clarification du liquide. Laissez bouillir 30 mn ; ce bouillon doit réduire environ de moitié.

Pendant ce temps, émincez les blancs de volaille en petites lamelles. Ciselez la ciboule. Préparez 4 bols à soupe ou 4 assiettes creuses.

Passez le bouillon de volaille dans une seconde casserole, portez à ébullition et ajoutez les blancs de volaille émincés. Laissez cuire 1 mn.

Dans chaque bol, répartissez la chiffonnade de laitue, ajoutez 1 cuillerée à soupe de sauce de soja et la ciboule émincée. Répartissez également les blancs de volaille et les pluches de coriandre fraîche (si vous avez des germes de soja, vous pouvez en ajouter). Versez dans chaque bol ou dans chaque assiette le bouillon en ébullition. Prévoyez, pour rectifier l'assaisonnement à table, du sel et du poivre. •

les poissons

les viandes

Tranche de thon croûtée au sésame blond

Pour 4 personnes

Préparation : 15 mn
Cuisson : 5 mn

- 4 tranches de thon rouge
- 2 cuil. à soupe d'huile d'olive
- 25 g de graines de sésame blond
- 1 pincée de gros sel de Guérande
- sel fin

Versez les graines de sésame dans une assiette. Salez très légèrement le poisson sur les deux faces. Posez les tranches de thon sur les graines de sésame et pressez bien chacune sur toute sa surface pour y faire adhérer les graines.

Dans une poêle antiadhésive, faites chauffer l'huile d'olive. Déposez-y le thon, côté sésame en dessous. Faites cuire 3 mn sur feu doux en vérifiant que les graines gardent une couleur dorée et ne brûlent pas. Retournez les tranches et faites cuire environ 2 mn sur l'autre face. La cuisson du poisson est en rapport avec son épaisseur et avec votre goût : il faut donc la surveiller constamment pour qu'elle soit parfaite.

Répartissez sur chaque tranche de thon quelques grains de gros sel de Guérande. Servez aussitôt. •

au cœur **des épices**

Le contraste entre le croquant du sésame et le moelleux du thon est d'une grande finesse. Vous pouvez panacher vos graines de sésame en mélangeant graines blanches et graines noires ; cela donnera une note plus colorée.

le conseil **vin**

Un chardonnay pour ses saveurs de noisette, un chassagne-montrachet, un mâcon blanc ou un chardonnay du Languedoc du domaine Henry.

Bar à l'étouffée, écorce d'orange et coriandre fraîche

Pour 4 personnes

Préparation et cuisson : 20 mn

- Les filets d'un bar de 1,2 kg environ (levés par votre poissonnier)
- 1 tomate bien mûre
- 1/2 citron
- 1 orange
- 1 échalote
- 1 botte de coriandre fraîche
- 1 cuil. à soupe de graines de sésame
- 5 cl d'huile d'olive
- 1/2 cuil. à café de gros sel de Guérande
- sel, poivre du moulin

À l'aide d'un couteau économe, prélevez le zeste de l'orange puis taillez-le en lanières les plus fines possible. Retaillez celles-ci de façon à obtenir de petits dés. Mettez-les dans une casserole, couvrez de 1 litre d'eau, portez à ébullition. Passez au chinois très fin. Renouvelez l'opération deux fois, puis réservez les dés d'écorce sur un papier absorbant. Pressez la moitié de l'orange.

Épluchez l'échalote et hachez-la très finement. Coupez la tomate en deux, retirez les pépins et détaillez la chair en petits cubes. Réservez. Dans une poêle, faites griller à sec les graines de sésame jusqu'à obtenir une belle coloration dorée.

Dans une casserole, réunissez l'écorce d'orange, l'échalote, les dés de tomate, les graines de sésame grillées, les jus de citron et d'orange. Salez, poivrez et faites chauffer 1 mn avec l'huile d'olive (conservez-en 1 cuillerée à soupe) sur feu très doux.

Dans une poêle antiadhésive, faites chauffer le restant d'huile d'olive. Salez les filets de bar et déposez-les dans la poêle, côté peau en dessous. Couvrez au bout de 1 mn de cuisson et laissez cuire encore 3 mn à l'étouffée.

Dans un plat de service, déposez les filets de bar. Nappez de sauce, parsemez de quelques grains de sel de Guérande et de pluches de coriandre fraîche. Servez aussitôt. •

au cœur **des épices**

En Asie, la coriandre fraîche est couramment employée dans un grand nombre de plats, comme le persil en Occident. Sa saveur fraîche et raffinée transforme chaque préparation en un rendez-vous gustatif.

le conseil **vin**

Un tokay-pinot gris du domaine Barmès-Buecher ou un corbières blanc.

Blancs de seiche
au poivre vert

Pour 4 personnes

Préparation : 30 mn
Cuisson : 20 mn

- 800 g de blancs de seiche
- 1 grosse échalote
- 1 gousse d'ail
- 1 poivron rouge
- 10 g de poivre vert
- 10 cl de vin blanc sec
- 10 cl de crème fraîche épaisse
- 3 cl d'huile d'olive
- sel, poivre du moulin

Taillez les blancs de seiche en carrés d'environ 4 cm. Épluchez et hachez l'échalote. Coupez le poivron en deux et épépinez-le, puis détaillez-le en dés de 1 cm environ. Faites chauffer la moitié de l'huile d'olive et faites-y fondre 10 mn sur feu doux l'échalote et le poivron avec la gousse d'ail non épluchée. Retirez la gousse d'ail au terme de la cuisson.

Salez et poivrez les morceaux de seiche. Faites chauffer le reste de l'huile d'olive dans une poêle. Lorsqu'elle est très chaude, faites-y cuire les morceaux de seiche 3 mn sur chaque face, puis débarrassez-les dans un plat. Éliminez l'huile de cuisson.

Faites réduire, dans cette même poêle, le vin blanc additionné du poivre vert, sans cesser de racler le fond de la poêle à l'aide d'une spatule en bois pour décoller les sucs. Lorsque le vin blanc est complètement réduit, ajoutez l'échalote et le poivron. Faites cuire 3 mn sur feu doux puis ajoutez la crème fraîche. Faites bouillir 1 mn, salez, ajoutez les morceaux de seiche. Surtout, ne faites plus bouillir ! Servez aussitôt.

au cœur **des épices**

Le poivre vert peut être très fort – faites attention ! – mais son parfum est unique. Au Japon, dans les fêtes populaires, on peut se restaurer de seiches grillées, présentées au bout d'une brochette comme une pomme au caramel. C'est délicieux.

le conseil **vin**

Un gamay bien frais du Beaujolais ou de Touraine.

Brandade de morue à la citronnelle

Pour 4 personnes

Préparation : 30 mn
Cuisson : 40 mn

- 600 g de morue fraîche (cabillaud), sans arêtes ni peau
- 400 g de pommes de terre (belle de Fontenay ou charlotte)
- 2 gousses d'ail pelées
- 1 tige de citronnelle
- 5 feuilles de limettier (lime kaffir) (ou, à défaut, 1 tige de citronnelle et le zeste de 1/4 de citron vert)
- 50 cl de lait
- 50 g de beurre
- 5 cl d'huile d'olive
- sel fin

Lavez et brossez les pommes de terre. Couvrez-les d'eau dans une casserole. Salez très légèrement et faites cuire 20 mn. Égouttez.

Déposez le cabillaud dans une casserole assez haute, couvrez du lait, ajoutez les feuilles de limettier, la tige de citronnelle, les gousses d'ail coupées en deux et un peu de sel. Faites cuire 5 mn à petit frémissement. Égouttez le poisson et émiettez sa chair. Récupérez les feuilles de limettier et la citronnelle.

Pelez les pommes de terre cuites et écrasez-les une par une avec une fourchette. Toujours à la fourchette, mélangez dans un plat creux la chair du cabillaud et les pommes de terre écrasées.

Préchauffez le four à 150 °C (th. 3-4). Dans le bol d'un mixeur, réunissez les feuilles de limettier, la tige de citronnelle coupée en petits morceaux et le beurre. Portez à ébullition le lait de cuisson du poisson et versez-en 10 cl dans le bol du mixeur. Broyez 15 secondes, puis versez ce liquide à travers une passoire sur la préparation au poisson. Mélangez l'ensemble de façon assez homogène. Goûtez, rectifiez l'assaisonnement en sel.

Versez la brandade dans un plat allant au four et couvrez d'huile d'olive. Laissez chauffer 15 mn, puis servez dans le plat. Vous pouvez également dresser la brandade dans des assiettes et l'accompagner d'une salade mélangée.

au cœur **des épices**

Une variante fraîche et originale de notre traditionnelle brandade. Le terroir français rencontre les saveurs d'Asie sans aucun complexe.

le conseil **vin**

Un bandol blanc ou rosé du domaine de Terrebrune.

Merlu poêlé au raifort japonais *wasabi*

Pour 4 personnes

Préparation : 20 mn
Cuisson : 10 mn

- 4 belles darnes de merlu, d'environ 200 g chacune
- 1 échalote
- 1/2 cuil. à café de poudre de *wasabi*
- 10 cl de fumet de poisson (facultatif)
- 5 cl de vin blanc sec
- 10 cl de crème fraîche épaisse
- 20 g de beurre
- 5 cl d'huile d'olive
- sel

au cœur **des épices**

Le *wasabi* est du raifort vert japonais que vous trouverez dans les alimentations spécialisées (japonaises, mais aussi chinoises). On le trouve le plus souvent en poudre ; c'est la forme sous laquelle il est préférable de l'acheter. On le dilue avec un peu d'eau pour obtenir une pâte épaisse qui accompagne en général les poissons crus. Attention, le *wasabi* est très fort : ne léchez pas la cuillère !

le conseil **vin**

Un vin blanc des Corbières ou de Gaillac, par exemple un mauzac vert de chez Plageoles.

Épluchez et hachez l'échalote. Mettez-la dans une casserole, ajoutez le vin blanc et le fumet (si vous l'utilisez). Faites réduire à sec, puis ajoutez la crème fraîche et le *wasabi* (incorporez le raifort en plusieurs fois pour en contrôler la puissance). Faites encore réduire 3 mn, puis incorporez au fouet 20 g de beurre.

Faites chauffer l'huile d'olive dans une poêle antiadhésive. Salez les morceaux de merlu et faites-les frire 5 mn environ sur chaque face, en leur faisant prendre une belle coloration. Rectifiez l'assaisonnement si nécessaire.

Déposez le poisson dans les assiettes ou un plat de service, et ajoutez la sauce. Servez aussitôt.

Minute de truite de mer au thé vert *matcha*

Pour 4 personnes

Préparation : 25 mn
Cuisson : 5 mn

- 4 escalopes de truite de mer, de 180 g chacune
- 1/2 citron
- 1 échalote
- 5 cl de vin blanc sec
- 20 cl de fumet de poisson (facultatif)
- 1 cuil. à soupe rase de thé vert japonais en poudre
- 10 cl de crème fraîche épaisse
- 20 g de beurre
- 5 cl d'huile d'olive
- sel, poivre du moulin

au cœur **des épices**

Le thé vert *matcha*, réduit en poudre fine, sert au japon pour la cérémonie du thé mais également pour les desserts (glaces et gélatines sucrées). Son goût âcre et très tannique lui permet de côtoyer un poisson gras avec bonheur. C'est ici une épice à part entière.

le conseil **vin**

Pourquoi pas un thé vert ? Sinon, un vin blanc sec (vouvray du domaine Champalou, ou montlouis).

Épluchez l'échalote et hachez-la finement. Faites réduire à sec le vin blanc (et le fumet si vous l'utilisez) avec l'échalote. Ajoutez la crème fraîche et la poudre de thé, fouettez en laissant réduire 3 mn. Incorporez au fouet le beurre et le jus de citron. Salez, poivrez.

Faites chauffer l'huile d'olive dans une poêle antiadhésive. Salez et poivrez les escalopes de truite, puis saisissez-les sur feu vif. Baissez le feu et laissez cuire sans retourner le poisson. Le changement de couleur permet de surveiller la pénétration de la chaleur : quand elle a atteint la moitié de l'épaisseur du poisson, retournez celui-ci, comptez 5 secondes et retirez-le de la poêle.

Déposer les morceaux de truite dans un plat ou une assiette et nappez de sauce. Servez aussitôt.

Saint-pierre rôti aux feuilles de limettier

Pour 4 personnes

Préparation : 15 mn
Cuisson : 20 mn

- 1 saint-pierre de 1,2 à 1,5 kg, vidé et ébarbé par le poissonnier
- 20 feuilles environ de limettier (lime kaffir)
- 5 cl d'huile d'olive
- sel fin, gros sel de Guérande, poivre du moulin

Prévoyez un plat de cuisson qui puisse contenir le poisson entier. Préchauffez le four à 180 °C (th. 5-6).

Salez et poivrez le poisson sur toutes ses faces, placez 5 feuilles de limettier dans la cavité ventrale. Entaillez superficiellement le poisson et glissez sous la peau quelques morceaux de feuilles de limettier.

Dans le plat de cuisson, faites chauffer l'huile d'olive, jetez 10 feuilles de limettier dans l'huile chaude et laissez cuire 1 mn sur feu doux. Déposez le poisson dans le plat, couvrez de papier d'aluminium et faites cuire 20 mn au four. Au terme de la cuisson, retirez le papier d'aluminium et parsemez de sel de Guérande. Servez dans le plat de cuisson. •

au cœur **des épices**

Il m'est arrivé dans d'autres recettes de remplacer les feuilles de laurier par des feuilles de limettier. Essayez, le résultat est étonnant.

le conseil **vin**

Un chardonnay de Bourgogne ou de l'Hérault.

Filets de sole poêlés au paprika

Pour 4 personnes

Préparation : 15 mn
Cuisson : 30 mn

- 600 g de filets de sole
- 1 poivron rouge
- 1 gousse d'ail
- 1/2 citron
- 10 cl de fumet de poisson (facultatif)
- 1 cuil. à soupe de poudre de paprika
- 5 cl d'huile d'olive
- 70 g de beurre
- sel, poivre du moulin

au cœur **des épices**

Le poivron rouge doux se marie à merveille avec les poissons. Cette alliance est encore accentuée par le paprika, qui est souvent employé avec la viande. Son dosage très modéré lui permet de côtoyer la sole avec caractère.

le conseil **vin**

Un rosé corsé (bandol ou faugères), ou un vin blanc des côtes du Rhône (cairanne, hermitage, saint-joseph).

Coupez le poivron rouge en deux ; retirez-en le cœur, les graines, la tige et les veines intérieures. Coupez-le en petits morceaux.

Versez la moitié de l'huile d'olive dans une casserole et placez-y les dés de poivron. Salez légèrement, faites cuire 25 mn environ à couvert, sur feu très doux, avec la gousse d'ail non épluchée. Ajoutez environ 10 cl d'eau à mi-cuisson.

Retirez la gousse d'ail et versez les dés de poivron cuits dans le bol d'un mixeur. Ajoutez le jus de citron, 5 cl d'eau très chaude et le beurre coupé en petits morceaux. Mixez le tout 30 secondes, salez et poivrez. Détendez cette sauce avec un peu d'eau chaude (ou de fumet de poisson) si vous la trouvez trop épaisse.

Dans une poêle antiadhésive, faites chauffer le restant de l'huile d'olive. Poudrez de paprika les filets de sole, salez et poivrez. Déposez les filets dans la poêle, faites-les cuire 5 mn sur feu vif en les retournant à mi-cuisson.

Dans le plat de service ou dans les assiettes, disposez les filets de sole et nappez-les de la sauce. Servez aussitôt.

Merlan en papillote au gingembre et à la citronnelle

Pour 4 personnes

Préparation : 15 mn
Cuisson : 25 mn

- 4 merlans, de 400 g chacun
- 2 tomates
- 1 citron
- 50 g de gingembre frais
- 8 feuilles de limettier (lime kaffir ; ou, à défaut, l'écorce de 1 citron vert)
- 2 tiges de citronnelle
- 10 cl d'huile d'olive
- sel fin, fleur de sel

au cœur des épices

Tous ces arômes d'épices fraîches enfermés dans la papillote pénètrent le poisson à cœur. Les Chinois réalisent des préparations un peu similaires, à base de poissons et de crustacés, cuites à la vapeur. La partie bulbeuse de la tige de citronnelle est, seule, utilisée dans cette recette : vous pouvez utiliser le reste de la tige en infusion.

le conseil vin

Un sancerre ou un quincy.

Faites préparer les merlans par le poissonnier. Pratiquez avec un couteau tranchant de petites entailles sur chaque face des poissons. Préchauffez le four à 180 °C (th. 5-6).

Hachez très finement les tiges de citronnelle (la partie bulbeuse uniquement). Épluchez le gingembre et râpez-le avec une râpe à gruyère. Réservez.

Coupez les tomates en deux, épépinez-les avec une petite cuillère et taillez la chair en petits morceaux. Réservez.

Découpez 4 carrés de papier d'aluminium de 30 x 40 cm. Étalez-les sur le plan de travail. Sur la moitié de chaque feuille, déposez des morceaux de tomate, du gingembre râpé, de la citronnelle hachée et des feuilles de limettier. Salez. Ajoutez 1 merlan et arrosez d'huile d'olive. Salez encore, déposez 1 feuille de limettier sur chaque poisson, arrosez de jus de citron et fermez les papillotes hermétiquement. Faites cuire 25 mn au four et servez accompagné de fleur de sel à part.

Daurade panée
aux épices concassées

Pour 2 personnes

Préparation : 10 mn
Cuisson : 15 mn

- 1 daurade grise ou une daurade royale de 800 g, vidée et grattée
- 1 citron vert
- 1 échalote
- 1 cuil. à café de graines de coriandre
- 1 cuil. à café de graines de moutarde
- 1 cuil. à café de graines de carvi
- 20 g de tapenade d'olives noires
- 15 cl d'huile d'olive
- 1 cuil. à café de fleur de sel

au cœur **des épices**

L'odorat est déjà éveillé au cours de la cuisson de cette recette. Vous pouvez réaliser un autre mélange d'épices, à condition de ne pas excéder trois ou quatre variétés.

le conseil **vin**

Un large éventail de vins blancs peut accompagner ce plat, en gardant à l'esprit les saveurs soutenues des graines rôties. Un riesling un peu âgé, un vouvray, un cairanne ou un condrieu conviendront.

Réunissez les graines d'épices dans un plat et écrasez-les doucement avec le fond d'une petite casserole. Quand elles sont concassées, saupoudrez la daurade de fleur de sel sur chaque face. Déposez le poisson sur les épices et appuyez fortement de manière à incruster la mignonnette d'épices dans la peau du poisson.

Épluchez l'échalote et hachez-la très finement. Réunissez dans une petite casserole la tapenade, le jus de citron vert, 10 cl d'huile d'olive et l'échalote hachée. Mélangez bien tous ces ingrédients et faites-les tiédir 10 secondes sur feu doux.

Faites chauffer dans une poêle l'huile d'olive restante. Quand elle est chaude mais non fumante, déposez-y le poisson. Laissez cuire sur feu doux 7 mn de chaque côté. La cuisson doit être bien contrôlée et réalisée avec lenteur pour éviter aux épices de brûler, ce qui communiquerait un goût amer à la préparation.

Quand la daurade est cuite, détachez les filets sans ôter la peau. Accompagnez d'un peu de sauce tapenade. •

Pot-au-feu de poissons à la croque aux épices

Pour 4 personnes

Préparation : 25 mn
Cuisson : 25 mn

- les filets de 2 rougets grondins de 450 g (levés par votre poissonnier)
- 2 tranches de saumon, de 200 g chacune
- 2 carottes
- 2 bulbes de fenouil
- 2 poireaux
- 1 branche de thym
- 1 feuille de laurier
- 4 clous de girofle
- 1/2 cuil. à soupe de graines de cumin
- 1/2 cuil. à soupe de graines de coriandre
- 1/2 cuil. à soupe de poivre du Sichuan
- 2 cuil. à soupe de fleur de sel
- 1 cuil. à soupe de gros sel marin

Épluchez les carottes et coupez-les en deux dans le sens de la longueur. Parez les poireaux, éliminez la majeure partie du vert, fendez les blancs sur la moitié de leur longueur et lavez-les soigneusement. Coupez les bulbes de fenouil en deux.

Dans une grande casserole, faites bouillir 3 litres d'eau additionnée de 1 cuillerée à soupe de gros sel, du thym, du laurier et des clous de girofle. Ajoutez tous les légumes et faites cuire 15 mn sur feu doux. Égouttez les légumes et réservez-les au chaud.

Coupez les tranches de saumon en deux. Plongez-les, avec les filets de rouget, dans le bouillon de cuisson des légumes. Faites cuire 8 mn sans ébullition, à petit frémissement.

Disposez les légumes au fond des assiettes creuses et déposez-y les filets de poisson. Mélangez les épices avec la fleur de sel et parsemez-en le pot-au-feu. Servez à table les épices restantes.

au cœur **des épices**

Les graines d'épices éclatent sous la dent, chacune avec sa saveur particulière : c'est une vraie sensation gustative.

le conseil **vin**

Un chinon blanc ou un bourgogne aligoté.

Maquereaux laqués au poivre noir

Pour 4 personnes

Préparation : 15 mn
Cuisson : 10 mn

- 4 gros filets de maquereau, de 150 g chacun
- 1 cuil. à soupe de vinaigre blanc
- 1 cuil. à soupe de sauce de soja
- 2 cuil. à soupe de sucre
- 1 cuil. à soupe de grains de poivre noir

Vérifiez que toutes les arêtes des filets ont été retirées, sinon enlevez-les soigneusement avec une pince à épiler.

Versez le sucre dans une poêle antiadhésive et ayez 10 cl d'eau froide à portée de main. Faites chauffer la poêle et réalisez un caramel. Déglacez-le avec l'eau, le vinaigre et la sauce de soja. Diluez ce caramel en maintenant l'ébullition 1 mn. Déposez les filets de maquereau dans la poêle, côté chair en dessous. Faites cuire 2 mn sur feu doux, puis retournez les filets et faites cuire 1 mn.

Réglez le moulin à poivre sur une mouture grossière en desserrant la molette située au sommet du moulin (sur certains modèles, il faut desserrer une vis au bas de l'appareil ; vous devez obtenir une mouture un peu plus fine qu'une mignonnette) et donnez-en quelques tours au-dessus des filets de poisson. Servez aussitôt.

au cœur **des épices**

Les Japonais utilisent cette délicieuse technique de laquage pour réaliser de nombreuses grillades de poisson mais aussi de viande.

le conseil **vin**

Un mauzac vert ou un tokay-pinot gris. J'aime bien, également, un vin rouge de Loire frais : chinon de chez Baudry ou bourgueil de chez Gauthier.

Tranche d'espadon en croûte de pavot

Pour 4 personnes

Préparation : 15 mn
Cuisson : 10 mn

- 4 tranches d'espadon
- 1 bulbe de fenouil paré
- 1/2 citron vert
- 25 g de graines de pavot
- 10 cl d'huile de noisette
- 1 cuil. à soupe d'huile d'olive
- sel

Coupez le fenouil en petits dés ou hachez-le finement. Dans une casserole, portez à ébullition de l'eau salée. Plongez-y le fenouil et faites bouillir 5 mn. Égouttez-le soigneusement dans une passoire.

Dans une petite casserole, mélangez l'huile de noisette, les dés de fenouil et le jus de citron vert. Salez et laissez doucement tiédir en attendant que le poisson soit cuit.

Répandez les graines de pavot dans une grande assiette. Salez les filets d'espadon sur chaque face et enrobez-les de pavot sur les deux faces, de façon régulière.

Faites chauffer l'huile d'olive dans une poêle pouvant contenir les 4 morceaux en même temps. Déposez-y les filets et faites-les cuire 2 mn de chaque côté.

Répartissez la sauce dans les assiettes et déposez-y les tranches d'espadon. Servez aussitôt.

au cœur **des épices**

Les graines de pavot grillées développent des arômes de noisette tout en croustillant sous la dent. C'est un régal !

le conseil **vin**

Un chardonnay de Bourgogne ou du sud de la France.

Raie en chou farci, tomate à la coriandre

Pour 4 personnes
Préparation : 45 mn
Cuisson : 30 mn

- 700 g de raie
- 1 chou vert
- 4 tomates
- 1/2 citron
- 1 échalote
- 1 oignon épluché
- 1 branche de thym
- 1 feuille de laurier
- 2 clous de girofle
- 10 graines de coriandre
- 1 cuil. à café de coriandre en poudre
- 5 cl d'huile d'olive
- 50 g de beurre
- gros sel, sel fin

Lavez les tomates, retirez leur pédoncule et coupez-les en gros morceaux. Mettez-les dans le bol d'un mixeur avec l'huile d'olive et broyez en purée. Passez cette purée dans une casserole à travers une passoire, ajoutez les graines de coriandre et salez. Laissez cuire 5 mn sur feu doux, puis ajoutez 25 g de beurre en fouettant.

Dans une grande casserole, réunissez la raie, l'oignon, le thym, le laurier, les clous de girofle, le jus de citron et 1 pincée de gros sel. Faites cuire 20 mn sur feu doux. Sortez la raie du bouillon de cuisson, retirez la peau et effilochez la chair.

Portez à ébullition de l'eau salée dans une grande casserole. Effeuillez et lavez le chou. Prélevez 4 grandes feuilles vertes et ébouillantez-les 1 mn, puis plongez-les dans de l'eau froide et égouttez-les. Taillez le reste du chou en lanières de 1 cm d'épaisseur. Blanchissez-les également 1 mn puis transférez-les dans l'eau froide. Pressez les lanières de chou entre vos mains pour en extraire l'eau.

Préchauffez le four à 120 °C (th. 2-3). Faites chauffer le beurre restant et faites-y revenir les lanières de chou. Poudrez de coriandre et salez. Au bout de 2 mn, ajoutez la raie. Mélangez et laissez cuire 2 mn. Étalez les feuilles de chou, répartissez-y la raie. Rabattez les bords pour former des paquets et faites cuire ceux-ci 5 mn à four tiède. Déposez chaque chou farci dans une assiette, nappez de sauce et saupoudrez de 1 pincée de coriandre.

au cœur **des épices**

La tomate apporte la note d'acidité dont la raie a besoin pour être mise en valeur. L'odeur de la coriandre saupoudrée au dernier moment ouvre l'appétit.

le conseil **vin**

Un vin blanc d'Alsace : tokay, ou riesling du domaine Barmès-Buecher.

Paupiettes de lotte à l'aubergine, patate douce aux épices

Pour 4 personnes

Préparation : 25 mn
Cuisson : 10 mn

- 600 g de lotte parée et nettoyée, taillée en 8 tranches
- 2 grosses aubergines
- 1 patate douce
- 2 cuil. à soupe d'amandes hachées
- 1 cuil. à café rase de graines de sésame noir
- 1 cuil. à café rase de sumac (ou de paprika)
- 1 cuil. à café rase de graines de cumin
- 20 cl d'huile d'olive
- 2 cuil. à soupe de fleur de sel
- 1 cuil. à soupe de vinaigre balsamique
- sel fin, poivre du moulin

au cœur **des épices**

Il importe de bien respecter le dosage des épices pour que la note du cumin, volontiers dominante, ne couvre pas celle des autres.

le conseil **vin**

Un rouge frais de Loire, par exemple un saumur-champigny de chez Vatan, ou un corbières blanc un peu poivré comme le château-coupe-rose.

Lavez les aubergines et taillez-les, dans le sens de la longueur, en 8 tranches de 5 mm d'épaisseur environ. Salez chaque tranche sur les deux faces. Dans une grande poêle, faites chauffer un peu d'huile d'olive et faites-y cuire les tranches d'aubergine 5 mn sur chaque face. Débarrassez-les sur un papier absorbant pour les égoutter.

Salez et poivrez les tranches de lotte, saisissez-les dans un peu d'huile d'olive. Faites-les cuire 2 mn de chaque côté, puis débarrassez-les dans une assiette.

Pelez la patate douce et coupez-la en très petits dés. Faites chauffer un peu d'huile d'olive et faites-y sauter les dés de patate douce 1 mn. Ajoutez les amandes, le cumin et le sésame. Faites cuire encore 1 mn, puis réservez.

Préchauffez le four à 120 °C (th. 2-3). Enroulez chaque morceau de lotte dans une tranche d'aubergine. Déposez chaque paupiette dans un plat de service pouvant aller au four. Recouvrez de brunoise de patate douce et faites cuire 5 mn au four.

Mélangez 10 cl d'huile d'olive avec le vinaigre balsamique. Salez et poivrez. À la sortie du four, arrosez les paupiettes de cette vinaigrette. Saupoudrez de sumac et de fleur de sel et servez aussitôt.

Lieu jaune au lait de pomme de terre et à l'anis étoilé

Pour 4 personnes

Préparation : 15 mn
Cuisson : 25 mn

- 4 pavés de lieu jaune, de 150 g chacun
- 250 g de pommes de terre (BF15)
- 5 couronnes d'anis étoilé
- 15 cl de crème liquide
- 75 cl de lait
- 2 cuil. à soupe d'huile d'olive
- 50 g de beurre
- sel

Épluchez, lavez les pommes de terre et coupez-les en deux. Réunissez-les dans une casserole avec le lait, la crème liquide et l'anis étoilé. Laissez cuire 15 mn sur feu très doux.

Versez tous ces ingrédients avec le beurre dans le bol d'un mixeur et mixez de façon à obtenir une sauce bien lisse. Passez dans une casserole à travers une passoire fine et maintenez au chaud. Salez. Si la sauce est trop épaisse, détendez-la avec un peu de lait.

Faites chauffer l'huile d'olive dans une poêle antiadhésive. Déposez-y les pavés de lieu et faites-les colorer 5 mn sur chaque face.

Répartissez le lait de pomme de terre au fond de 4 assiettes creuses et déposez-y le poisson. Servez bien chaud. •

au cœur **des épices**

Cette pointe anisée réveille joliment le goût assez neutre de la pomme de terre. Choisissez des pavés le plus épais possible, le poisson restera moelleux.

le conseil **vin**

Un savennières, ou un vin blanc d'Anjou du domaine Lecointre.

Gambas
à la vapeur de gingembre

Pour 4 personnes

Préparation : 40 mn
Cuisson : 10 mn

- 1 kg de grosses gambas (de calibre 10-15)
- 2 gousses d'ail, pelées et hachées
- 1 botte de coriandre fraîche
- 50 g de jeune gingembre
- 10 cl de sauce de soja
- 1 cuil. à soupe d'huile de sésame grillé
- 3 cuil. à soupe d'huile d'arachide

au cœur **des épices**

Voilà un plat issu directement du répertoire culinaire du Sud-Est asiatique où les cuissons à la vapeur exaltent les saveurs des fruits de mer. Le jeune gingembre se trouve au rayon frais des supermarchés asiatiques. De couleur crème avec des extrémités rosées, il ne doit pas être confondu avec le galanga frais, qui lui ressemble. Délicat et croquant, il s'utilise en plus grande quantité que le gingembre mûr.

le conseil **vin**

Un bergerac blanc, ou un jurançon sec de chez Charles Hours.

Fendez en deux les gambas dans le sens de la longueur. Avec la pointe d'un couteau, retirez l'intestin (la veine dorsale) et la poche qui se trouve dans la tête, puis répartissez- les dans 2 assiettes creuses.

Faites bouillir de l'eau dans un couscoussier. Grattez le gingembre avec une râpe à gruyère fine. Dans une poêle, faites chauffer les 2 huiles, ajoutez le gingembre et l'ail. Faites revenir 15 secondes sur feu doux, versez la sauce de soja et 10 cl d'eau. Portez à ébullition.

Répartissez cette sauce sur les gambas et déposez une assiette creuse dans le couscoussier. Faites cuire 10 mn à couvert. Renouvelez l'opération avec la seconde assiette. Parsemez de pluches de coriandre et servez aussitôt.

Cabillaud et lentilles roses compotés aux épices

Pour 4 personnes

Préparation : 15 mn
Cuisson : 20 mn + 10 mn de repos

- 800 g de filets de cabillaud sans la peau (ou, à défaut, de lieu ou de merlan)
- 500 g de lentilles roses
- 1 oignon
- 1 gousse d'ail
- 1 branche de thym
- 1 feuille de laurier
- 3 couronnes d'anis étoilé
- 1 cuil. à café de cumin en poudre (ou de *garam masala*)
- 5 cl d'huile d'olive
- sel, poivre finement moulu

au cœur des épices

Ce plat rustique est de réalisation facile, et ses saveurs d'épices feront voyager votre imagination. L'anis étoilé, après cuisson, donne un goût fin et délicat : la violence de l'épice brute a disparu.

le conseil vin

Un pouilly-fumé, ou un chardonnay de Bourgogne ou du Rhône.

Épluchez l'oignon et l'ail. Hachez l'oignon, coupez la gousse d'ail en fines lamelles. Dans une cocotte, faites revenir l'oignon, l'ail et l'anis étoilé 1 mn à l'huile d'olive sur feu doux. Ajoutez les lentilles. Remuez 30 secondes avec une spatule en bois, puis ajoutez la poudre de cumin.

Taillez le poisson en morceaux de 2 cm et ajoutez-le aux lentilles. Couvrez de 1 litre d'eau, ajoutez le thym et le laurier et laissez mijoter 20 mn à couvert sur feu doux. Au terme de cette cuisson, retirez le thym et le laurier et mélangez bien les ingrédients. L'eau doit être totalement absorbée et les lentilles bien cuites. Salez et poivrez ; mélangez 1 mn. Couvrez et laissez reposer 10 mn hors du feu. Servez tiède avec une bonne huile d'olive (de Toscane, de Nyons ou des Baux-de-Provence).

Vous pouvez accompagner d'une salade de saison assaisonnée d'huile d'olive et de jus de citron.

Mulet rôti au four à l'orange et à la cannelle

Pour 6 personnes

Préparation : 10 mn
Cuisson : 20 mn

- 1 mulet de 1,5 kg, gratté et vidé
- 1 orange non traitée
- 5 gousses d'ail
- 1/2 citron
- 4 bâtons de cannelle
- 1 cuil. à café de cannelle en poudre
- 10 cl d'huile d'olive
- 20 g de beurre

Lavez et séchez l'orange. Taillez-la en tranches sans la peler. Disposez celles-ci dans un plat allant au four. Préchauffez le four à 180 °C (th. 5-6).

À l'aide d'un couteau tranchant, pratiquez des entailles profondes sur chaque côté du mulet. Glissez les bâtons de cannelle dans les incisions. Déposez le mulet sur les tranches d'orange et arrosez-le d'huile d'olive. Versez 30 cl d'eau dans le plat et ajoutez au côté du mulet les gousses d'ail non pelées. Mettez au four et faites cuire 20 mn.

À la sortie du four, retirez le poisson du plat. Ajoutez au contenu du plat le beurre et la cannelle en poudre. Battez bien l'ensemble à la fourchette et ajoutez le jus de citron. Remettez le poisson dans le plat et servez aussitôt.

au cœur **des épices**

Le mulet est un poisson un peu oublié ; il est pourtant plein de qualités. Il faut juste être très vigilant sur sa cuisson pour qu'il ne sèche pas. Vous allez découvrir la cannelle avec un plat salé. C'est surprenant comme sa saveur douce se marie bien avec le poisson.
À essayer également avec le cabillaud, le lieu jaune et la julienne.

le conseil **vin**

Un riesling ou un savennières.

Queue de lotte en cocotte à la cannelle de Chine

Pour 6 personnes

Préparation : 20 mn
Cuisson : 25 mn

- 1 queue de lotte de 1,5 kg, dépouillée
- 2 citrons
- 2 gousses d'ail
- 1 morceau de gingembre frais, de la taille d'une noix
- 5 bâtons de cannelle de Chine (bois de casse ; ou de cannelle)
- 1 cuil. à café de cannelle en poudre
- 10 cl d'huile d'olive
- sel de Guérande

Avec un couteau économe, prélevez le zeste des citrons. Couvrez-les de 1 litre d'eau dans une casserole, portez à ébullition et faites cuire 5 mn. Pressez 1 citron et réservez le jus.

Pelez les gousses d'ail et le gingembre. Taillez le gingembre en lamelles. Préchauffez le four à 180 °C (th. 5-6).

Faites chauffer l'huile d'olive dans une cocotte en fonte. Ajoutez les bâtons de casse et faites-les revenir 15 secondes en remuant. Ajoutez la queue de lotte et faites-la dorer sur toutes ses faces. Ajoutez l'ail, le gingembre, les zestes blanchis et la cannelle en poudre. Couvrez, mettez au four et faites cuire 20 mn en arrosant régulièrement.

À la sortie du four, arrosez le poisson du jus de citron. Laissez reposer 5 mn afin de laisser exsuder les jus de cuisson. Servez dans la cocotte, parsemé de sel de Guérande.

au cœur **des épices**

La casse, très utilisée par les Chinois, s'harmonise bien avec la cuisson des poissons. Sa saveur se caramélise et se fond dans la préparation.

le conseil **vin**

Un pinot noir d'Alsace, ou un gamay d'Anjou ou de Touraine.

Filets de rascasse au fenouil et au sumac

Pour 4 personnes

Préparation : 25 mn
Cuisson : 30 mn

- 4 filets de rascasse
- 10 olives noires dénoyautées
- 1/2 citron
- 1 bulbe de fenouil
- 1 petit oignon
- 1 petite gousse d'ail
- 1 cuil. à soupe de sumac (ou, à défaut, de paprika)
- 1 cuil. à café de graines de fenouil
- 20 cl d'huile d'olive
- sel

Parez et lavez le bulbe de fenouil. Coupez-le en lamelles. Épluchez et hachez l'oignon. Pelez la gousse d'ail, taillez-la en fines lamelles.

Dans une grande casserole, faites chauffer 10 cl d'huile d'olive, ajoutez l'oignon et l'ail. Faites cuire doucement 1 mn. Ajoutez le fenouil, mouillez de 20 cl d'eau. Faites cuire 20 mn à couvert, puis versez l'ensemble dans le bol d'un mixeur et réduisez en purée lisse et liquide. Ajoutez le sumac.

Hachez les olives, couvrez-les d'eau froide dans une casserole et portez à ébullition. Essorez les olives et joignez-les à la sauce au fenouil. Ajoutez le jus de citron et les graines de fenouil, laissez cuire 2 mn et salez.

Faites chauffer l'huile d'olive restante dans une poêle et faites-y cuire les filets de rascasse 3 mn sur chaque face. Versez la sauce au fond des assiettes et posez les filets par-dessus. Servez aussitôt.

au cœur **des épices**

Le sumac est utilisé depuis l'Antiquité et actuellement en Turquie et en Iran pour de nombreux usages, notamment l'assaisonnement des poissons. Son goût acidulé et fruité relève les saveurs avec originalité.

le conseil **vin**

Un coteaux-d'aix-de-provence blanc ou un côtes-de-provence blanc.

Bar au court-bouillon d'épices

Pour 4 personnes

Préparation : 15 mn
Cuisson : 40 mn

- 1 bar de 1,5 kg, écaillé et vidé
- 1 carotte
- 1 poireau
- 1 bulbe de fenouil
- 1 oignon
- 1/2 branche de céleri
- 3 couronnes d'anis étoilé
- 1 bâton de cannelle
- 5 clous de girofle
- 1 cuil. à café de graines d'aneth
- 1 cuil. à café de graines de coriandre
- 1 cuil. à café de graines de fenugrec
- 10 g de gros sel marin gris

Épluchez, lavez les légumes et émincez-les finement. Réunissez-les dans un faitout, couvrez de 3 litres d'eau, portez à ébullition et faites cuire 20 mn. Au terme de cette cuisson, ajoutez toutes les épices, salez, et laissez cuire encore 10 mn.

Plongez le bar entier dans le court-bouillon, portez à frémissement et retirez du feu. Laissez-le pocher ainsi 10 mn. Retirez le poisson du faitout et servez-le aussitôt avec un filet d'huile d'olive.

au cœur **des épices**

Cette légère infusion d'épices communique des saveurs subtiles à la chair du bar. Vous pouvez pocher dans ce court-bouillon d'autres poissons en comptant 5 mn de cuisson par 500 g de poids supplémentaire. Mon ami Alain, grand pêcheur de bars, m'a fait découvrir cette cuisson qui conserve tout le moelleux des chairs. Un régal !

le conseil **vin**

Un corbières blanc château-coupe-rose, ou alors un viognier de l'Ardèche ou de Condrieu.

Rognons de veau au gingembre et aux baies de genièvre

Pour 2 personnes

Préparation : 25 mn
Cuisson : 8 mn

- 2 rognons de veau entiers débarrassés de leur graisse
- 100 g d'échalotes
- 8 baies de genièvre
- 10 g de gingembre frais
- 1 cuil. à soupe de jus de citron
- 1/2 cuil. à café de cassonade
- 5 cl d'huile d'arachide
- sel, poivre du moulin

Taillez le gingembre en fines lamelles puis en bâtonnets, et pour finir en petits cubes. Réservez. Préchauffez le four à 180 °C (th. 5-6).

Épluchez les échalotes et hachez-les le plus finement possible. Faites-les suer dans un peu d'huile. Ajoutez le gingembre, le sucre et les baies de genièvre. Faites cuire 10 secondes sur feu doux en remuant. Dès qu'une légère caramélisation apparaît, ajoutez le jus de citron, portez à ébullition. Salez et poivrez.

Faites chauffer le reste de l'huile dans une casserole allant au four. Salez les rognons. Lorsque l'huile est chaude, déposez-les dans la poêle, face ouverte vers le haut, et laissez dorer 3 mn. Retournez les rognons et faites cuire au four, en comptant 5 mn pour un rognon rosé.

Retirez les rognons du four, laissez-les reposer 2 mn sur une feuille d'aluminium froissée afin que le jus qui s'écoule ne les détrempe pas. Déposez-les dans deux assiettes et recouvrez-les de la compotée d'échalotes. Servez aussitôt.

au cœur **des épices**

Cette cuisson douce au four conserve le moelleux du rognon, et le genièvre apporte au goût poivré du gingembre une fraîcheur complémentaire.

le conseil **vin**

Un bordeaux dans une année souple, un côte-rôtie ou un bourgogne élégant (volnay).

Escalope de veau au *garam masala*

Pour 4 personnes

Préparation : 20 mn
Cuisson : 10 mn

- 4 escalopes de veau, de 180 g chacune
- 1 branche de céleri
- 1/2 citron
- 1 cuil. à café de *garam masala* (ou de cumin ou de coriandre en poudre)
- 5 cl d'huile d'arachide
- 50 g de beurre
- 1 pincée de sucre
- sel, poivre du moulin

Portez à ébullition une petite casserole d'eau salée. Épluchez la branche de céleri pour retirer les fibres. Émincez-la en petits dés et plongez ceux-ci 30 secondes dans l'eau bouillante. Retirez-les à l'aide d'une écumoire et égouttez-les dans une passoire.

Faites chauffer l'huile dans une poêle antiadhésive ; saisissez-y doucement les escalopes 2 mn sur chaque face. Dressez-les dans un plat de service.

Jetez la graisse de cuisson et remettez la poêle à chauffer sur feu un peu plus vif. Versez alors 10 cl d'eau froide, grattez bien le fond de la poêle avec une spatule pour décoller les sucs. Faites réduire de moitié, ajoutez le *garam masala*, le jus de citron, la pincée de sucre et le beurre ; fouettez jusqu'à ce que le beurre soit fondu. Détendez le jus avec 1 cuillerée à soupe d'eau pour obtenir une sauce bien fluide. Ajoutez les dés de céleri. Salez, poivrez, portez à ébullition 5 secondes et versez cette sauce sur le veau. Servez aussitôt.

au cœur **des épices**

Le *garam masala* est un mélange d'épices douces qui vient d'Inde du Nord. Quand il est de bonne qualité, c'est-à-dire fraîchement moulu, ses parfums sont très subtils et agrémentent merveilleusement les plats. On le trouve dans les bonnes alimentations orientales, surtout indiennes.

le conseil **vin**

Un jurançon sec, ou un chenin du Val de Loire (vouvray ou anjou).

Canette fermière au miel et à la maniguette

Pour 4 personnes

Préparation : 30 mn
Cuisson : 30 mn

- 1 canette fermière
- 1 cuil. à soupe rase de maniguette (ou, à défaut, de poivre du Sichuan)
- 1 cuil. à soupe de graines de sésame
- 10 cl de vinaigre de jerez
- 50 g de miel d'acacia (ou, à défaut, de sapin)
- 1 cuil. à café de Maïzena
- 25 g de beurre
- 5 cl d'huile d'arachide
- sel

au cœur **des épices**

Au XVIIe siècle, la maniguette (ou graines de paradis) était le poivre de substitution des Africains, qui n'avaient pas le droit d'utiliser le vrai poivre récolté et exporté par les colons. Il faut la moudre au dernier moment, car ses arômes sont très volatils.

le conseil **vin**

Un chinon ou un bourgueil.

Préchauffez le four à 200 °C (th. 6). Dans une casserole, faites chauffer le miel jusqu'à ce qu'il caramélise légèrement. Versez alors le vinaigre et laissez cuire 1 mn sur feu doux.

Faites légèrement roussir, à sec dans une poêle, les graines de sésame en remuant constamment. Ajoutez-les à la préparation précédente. Réservez.

Dans un moulin à poivre ou au mixeur, broyez la maniguette le plus finement possible.

Faites chauffer l'huile d'arachide sur feu moyen dans un plat allant au four. Salez la canette ; frottez-la de poudre de maniguette. Posez-la sur le côté dans le plat et faites-la bien dorer sur toutes ses faces. Retournez-la sur le dos et faites cuire 25 mn au four.

À la sortie du four, découpez les filets et les cuisses. Débarrassez les morceaux dans un plat de service. Jetez la graisse de cuisson, versez dans le plat 1 verre d'eau froide, raclez bien pour décoller les sucs et faites réduire le jus de moitié.

Diluez la Maïzena dans 1/2 verre d'eau. Versez le jus déglacé et la Maïzena diluée dans le miel vinaigré, fouettez jusqu'à ébullition, faites cuire 2 mn sur feu doux et ajoutez le beurre en fouettant de nouveau. Salez, poivrez avec la maniguette et nappez les morceaux de canette de cette sauce. Servez aussitôt.

Jarret de bœuf à la noix de coco et à la citronnelle

Pour 4 personnes

Préparation : 20 mn
Cuisson : 1 h 40

- 1 kg de jarret de bœuf (ou de joue de bœuf)
- 400 g de noix de coco séchée
- 2 oignons
- 1 ou 2 piments (facultatif)
- 2 tiges de citronnelle
- 20 g de gingembre frais
- 1 cuil. à soupe de cassonade
- 10 cl d'huile d'arachide
- gros sel, sel fin, poivre du moulin

Découpez la viande en cubes de 2 cm. Faites tremper la noix de coco dans 2,5 litres d'eau chaude. Râpez le gingembre, épluchez les oignons et hachez-les finement.

Dans le bol d'un mixeur, broyez finement la noix de coco avec son eau de trempage. Attention de ne pas faire déborder le liquide : procédez en deux fois si nécessaire. Passez le mélange à travers une passoire fine en pressant fortement pour extraire le maximum de lait de coco. (Pour une meilleure extraction du jus de coco, vous pouvez faire bouillir 2 mn la noix de coco avec son eau de trempage avant de mixer.) Réservez 3 cuillerées à soupe de noix de coco râpée sur la quantité contenue dans la passoire.

Faites chauffer l'huile dans une cocotte en fonte. Faites-y colorer les morceaux de viande. Ajoutez le gingembre, les oignons, le sucre, les tiges de citronnelle coupées en quatre, la noix de coco réservée et les piments (si vous les utilisez). Faites cuire doucement en remuant fréquemment jusqu'à coloration. Ajoutez alors le lait de coco et 1 pincée de gros sel. Faites cuire doucement 1 h à couvert et 30 mn à découvert, afin que le jus réduise et épaississe. Piquez la viande avec la pointe d'un couteau pour en contrôler la cuisson. Si elle n'est pas encore fondante, ajoutez 1 verre d'eau et faites cuire encore 10 mn. Salez, poivrez, et servez. •

au cœur **des épices**

J'ai adapté, pour réaliser ce plat de bœuf fondant et savoureux, une recette malaise appelée *rendang*. Si vous avez utilisé du piment dans la préparation, il est préférable de servir ce ragoût tiède.

le conseil **vin**

Un côtes-du-frontonnais ou un corbières.

Gigot d'agneau confit aux épices

Pour 5 à 6 personnes

Préparation : 15 mn
Macération : 30 mn
Cuisson : 2 h

- 1 gigot d'agneau de 2 kg (si votre autocuiseur est trop petit, faites raccourcir le gigot)
- 4 oignons
- 1 cuil. à soupe de graines d'aneth (ou de fenouil)
- 3 cuil. à soupe de coriandre en poudre
- 1 cuil. à soupe de cumin en poudre
- 2 bâtons de cannelle
- 5 cuil. à soupe de sauce de soja
- 5 cl d'huile d'arachide
- 20 g de beurre
- 2 cuil. à soupe de sucre
- sel, poivre du moulin

au cœur des épices

Eh oui ! un gigot bien cuit, que l'on mange à la cuillère. Les épices confites mélangées à la sauce de soja donnent un goût caramélisé qui se marie parfaitement à l'agneau.

le conseil vin

Un madiran, ou encore un gaillac de cépage duras de chez Bernard Plageoles.

Pratiquez de petites entailles sur le gigot avec un couteau. Mélangez les graines d'aneth, la coriandre et le cumin en poudre, la sauce de soja, 1 cuillerée à soupe de poivre du moulin, le sucre, et massez le gigot avec cette préparation. Laissez macérer 30 mn au frais.

Épluchez et hachez les oignons. Dans un autocuiseur, faites chauffer l'huile et faites-y revenir le gigot sur toutes ses faces en le faisant bien dorer. Ajoutez les oignons, faites cuire légèrement, versez ensuite de l'eau, puis ajoutez les bâtons de cannelle. (Si votre gigot pèse entre 1,5 et 2 kg, ajoutez 1,5 litre d'eau et faites cuire 1 h 30 à 1 h 45. La première fois que vous réalisez ce plat, je vous conseille de vérifier le niveau d'eau au bout de ce temps, car l'évaporation varie selon les feux de cuisson. Continuez la cuisson à couvert en ayant ou non ajouté un peu d'eau.)

Quand le gigot est cuit, éteignez le feu et évacuez la pression. Lorsque toute la vapeur est sortie, retirez le gigot, déposez-le dans un plat de service. Faites réduire le jus sur le feu jusqu'à obtenir environ 25 cl (1 verre) de liquide. Ajoutez le beurre, fouettez, salez et poivrez. Versez le jus dans la saucière ; c'est prêt !

Cuisses de canard confites au thé et à la cannelle

Pour 4 personnes

Préparation : 15 mn
Cuisson : 1 h

- 4 cuisses de canard (800 g en tout)
- 1 oignon
- 1 carotte
- 1 poireau
- 4 cuil. à soupe de thé fumé (tarry souchong)
- 4 bâtons de cannelle
- 30 g de beurre
- 1 cuil. à café de Maïzena
- gros sel, sel fin

au cœur des épices

Un confit de canard à l'envers de la tradition puisque le thé dissout les graisses.

le conseil vin

On pourra servir avec cette recette un vin du Sud-Ouest – madiran ou duras –, mais également un chinon ou un vin de Collioure. Les saveurs à la fois fumées et épicées de ce plat permettent un choix très large. C'est le moment de sortir de sa cave un vin vieux au goût fondu.

Épluchez et lavez les légumes. Dégraissez les cuisses de canard. Réunissez-les dans un faitout avec les légumes, le thé et les bâtons de cannelle. Couvrez d'eau, salez au gros sel et faites cuire 1 h. Égouttez les cuisses.

Filtrez à travers une passoire 20 cl de jus de cuisson au-dessus d'une autre casserole, en le dégraissant au maximum. Portez à ébullition. Diluez la Maïzena dans 4 cuillerées à soupe d'eau et versez-la dans le jus. Fouettez puis incorporez le beurre coupé en parcelles, toujours en fouettant ; salez.

Dressez les cuisses dans un plat et nappez-les de sauce. Vous pouvez parsemer quelques feuilles de thé récupérées de la cuisson pour décorer.

Vous pouvez cuire les cuisses la veille. Il faudra alors les faire réchauffer doucement dans une poêle avec une goutte d'huile en les retournant après 5 mn.

Blanquette de veau aux épices anisées

Pour 4 personnes

Préparation : 20 mn
Cuisson : 50 mn

- 1 kg de bas de carré de veau désossé
- 2 carottes
- 1 oignon
- 1 poireau
- 2 clous de girofle
- 3 couronnes d'anis étoilé
- 5 graines de cardamome vertes ou blanches
- 30 g de farine
- 5 cl de crème fraîche
- 50 g de beurre
- gros sel, sel fin

Découpez la viande en cubes de 2 cm. Épluchez et coupez l'oignon en quatre, épluchez les carottes et coupez-les en rondelles ; fendez le poireau et lavez-le plusieurs fois pour éliminer tout le sable. Émincez-le grossièrement.

Couvrez la viande de 2 litres d'eau froide, ajoutez l'oignon, les carottes, le poireau, les clous de girofle, l'anis étoilé et 1 pincée de gros sel. Portez à ébullition, baissez le feu et faites cuire 45 mn sur feu doux.

Dans une casserole moyenne, faites cuire 1 mn le beurre et la cardamome sur feu doux. Ajoutez la farine, mélangez au fouet, ajoutez 1 verre de bouillon de cuisson, et à la reprise de l'ébullition fouettez de nouveau. Ajoutez 1 verre de bouillon, fouettez, faites bouillir. Vous devez ajouter en tout environ 50 cl de bouillon. Ajoutez enfin la crème fraîche, prélevez les épices de cuisson et ajoutez-les au mélange, et faites cuire 5 mn sur feu doux. Dans le bouillon restant, vous pouvez faire cuire le riz ou les légumes qui accompagneront votre plat.

Ajoutez dans la casserole les morceaux de veau et faites chauffer 5 mn. Rectifiez l'assaisonnement en sel et servez bien chaud.

au cœur **des épices**

Cette version de la blanquette, enveloppée de saveurs poivrées et anisées, sera appréciée en toute saison.

le conseil **vin**

Un vin blanc de Corse, ou de Cairanne du domaine Corinne Couturier.

Sauté de lapin au cumin

Pour 4 à 6 personnes

Préparation : 30 mn
Cuisson : 50 mn

- 1 beau lapin fermier de 2 kg, coupé en morceaux
- 5 gousses d'ail
- 2 oignons
- 1 branche de thym
- 1 feuille de laurier
- 1/2 citron
- 2 cuil. à soupe de cumin en poudre
- 1 cuil. à café rase de graines de cumin
- 50 cl de vin blanc sec
- 2 cuil. à soupe de crème fraîche
- 2 cuil. à soupe de farine
- 5 cl d'huile d'arachide
- sel, poivre gris du moulin

Salez et poivrez les morceaux de lapin. Faites chauffer une poêle avec un peu d'huile et faites-y rissoler le lapin, doucement pour ne pas dessécher les chairs. Lorsque les morceaux sont joliment colorés de toutes parts, égouttez-les dans une passoire.

Épluchez et hachez les oignons. Dans un faitout à fond épais, faites chauffer un peu d'huile, ajoutez les oignons, le thym, le laurier et les gousses d'ail non épluchées. Faites cuire doucement 5 mn sans coloration. Ajoutez le lapin et mélangez bien. Saupoudrez de cumin en poudre et en grains, faites cuire 2 mn sur feu doux en remuant régulièrement. Poudrez de farine, remuez, puis versez le vin blanc et 50 cl d'eau : le liquide doit recouvrir les morceaux. Faites cuire à couvert 45 mn sur feu doux.

Quand le lapin est cuit, versez la moitié du jus de citron et rectifiez l'assaisonnement. Ajoutez la crème fraîche et portez à ébullition. Portez directement à table dans la cocotte de cuisson.

au cœur des épices

C'est le classique sauté de lapin que cuisinaient nos grand-mères, réactualisé avec une pointe de cumin. Vous allez redécouvrir le lapin !

le conseil vin

Un vin blanc de Mâcon ou un vieux vouvray sec.

Blancs de volaille grillés au gingembre

Pour 4 personnes

Préparation : 5 mn
Cuisson : 10 mn
Macération : 3 à 4 h

- 800 g de blancs de volaille
- 1/2 citron
- 1 morceau de gingembre de 2,5 cm
- 3 cuil. à soupe de sauce de soja
- 2 cuil. à café de sucre
- 3 cuil. à soupe de saké ou de jerez sec (facultatif)

Râpez le gingembre avec une petite râpe (à gruyère, à muscade ou à gingembre si vous en trouvez). Mélangez-le dans un grand bol avec la sauce de soja, le vin (si vous l'utilisez), le sucre et le jus de citron.

Ajoutez les blancs de volaille et laissez mariner 3 à 4 h au réfrigérateur en remuant de temps en temps.

Sous le gril du four bien chaud, sur un gril en fonte ou sur un barbecue, faites cuire les blancs de volaille 5 mn de chaque côté pour ne pas trop les dessécher. Servez aussitôt. •

au cœur **des épices**

Voilà une version simplifiée des fameuses brochettes japonaises *yakitori*. Les Japonais marient cette préparation avec des tronçons de blanc de poireau alternés sur les brochettes avec les morceaux de poulet, variante que je vous conseille : vous pouvez faire griller les blancs de poireau avec les blancs de volaille.

le conseil **vin**

Un tokay ou un vouvray demi-sec. Pour ceux qui aiment les saveurs fortes, un savagnin du Jura.

Rôti de porc au cumin

Pour 4 personnes

Préparation : 15 mn
Cuisson : 1 h 10 + 30 mn de repos

- 1 rôti de porc de 800 à 900 g préparé par le boucher
- 2 oignons
- 4 gousses d'ail
- 1 branche de thym
- 1 feuille de laurier
- 5 clous de girofle
- 10 grains de poivre noir
- 2 cuil. à soupe de graines de cumin
- 2 cuil. à soupe de cumin en poudre
- 10 cl de vin blanc
- 20 cl de crème fraîche
- 10 g de beurre
- 5 cl d'huile d'arachide
- gros sel, sel fin, poivre

au cœur des épices

L'accent oriental du cumin fera d'un rôti de porc tout simple un plat goûteux et original.

le conseil vin

Un bergerac, un cahors, ou un pécharmant du domaine Roches.

Déposez le rôti de porc dans un faitout, couvrez-le d'eau froide en ajoutant le thym, le laurier, les clous de girofle, les grains de poivre et 1 pincée de gros sel. Portez à ébullition et faites cuire 40 mn à petits bouillons. Sortez le rôti du bouillon, laissez-le égoutter 30 mn sur une grille puis enrobez-le soigneusement de graines de cumin.

Préchauffez le four à 200 °C (th. 6) et faites-y chauffer un plat allant au four avec l'huile d'arachide.

Poudrez le rôti avec la moitié du cumin en poudre et un peu de sel fin. Faites-le dorer sur toutes ses faces, puis mettez-le au four 15 mn avec les gousses d'ail entières non épluchées.

Épluchez et hachez les oignons. Dans une poêle, faites chauffer le beurre, ajoutez les oignons, faites-les fondre 5 mn sur feu doux. Ajoutez le restant de cumin en poudre et le vin blanc, faites réduire à sec, versez la crème fraîche puis faites cuire 2 mn sur feu doux. Salez, poivrez.

Sortez le rôti du four et tranchez-le. Nappez-le de la sauce au cumin au moment de servir. •

Fricassée de pintade aux six épices

Pour 4 personnes

Préparation : 30 mn
Cuisson : 1 h

- 1 pintade fermière coupée en 8 morceaux
- 4 gousses d'ail
- 1 gros oignon
- 1 citron jaune
- 1 cuil. à café de paprika
- 1 cuil. à café de cumin en poudre
- 1 cuil. à café de coriandre en poudre
- 5 clous de girofle
- 20 g de gingembre frais
- 1 bâton de cannelle
- 50 cl de vin blanc sec
- 10 olives noires de Nice
- 1 cuil. à soupe de fécule
- 5 cl d'huile d'olive
- gros sel, sucre semoule, sel fin, poivre du moulin

au cœur des épices

Voilà un plat à mi-chemin entre le terroir français et les plats d'Asie. Vous pouvez adapter à cette recette d'autres épices de votre choix. Lancez-vous !

le conseil vin

Pourquoi pas un vin demi-sec de Vouvray ou de Montlouis, un saint-joseph rouge, ou encore un côtes-du-marmandais, moins connu mais plein de surprises !

Épluchez et hachez l'oignon. Râpez le gingembre avec une petite râpe fine à gruyère. Plongez le citron dans une petite casserole d'eau. Faites-le bouillir 2 mn, puis jetez l'eau. Renouvelez l'opération deux fois.

Dans une grande cocotte à fond épais, faites chauffer l'huile d'olive et faites-y colorer doucement les morceaux de pintade. Ajoutez l'oignon et faites cuire 2 mn en remuant avec une spatule en bois. Ajoutez toutes les épices, les gousses d'ail entières non épluchées, 1 pincée de sucre, et faites cuire 5 mn sans laisser attacher. Versez le vin blanc et 50 cl d'eau.

Coupez le citron en deux, puis taillez-le en demi-lunes. Ajoutez celles-ci, ainsi que les olives, à la pintade. Faites cuire 45 mn (si votre pintade n'est pas fermière, la cuisson sera plus courte).

Mélangez la fécule avec 4 cuillerées à soupe d'eau. Versez dans la cocotte en remuant bien. Faites frémir de nouveau 5 mn, salez, poivrez, et servez.

Poularde pochée à la cardamome noire

Pour 4 personnes

Préparation : 15 mn
Cuisson : 1 h 45

- 1 poularde prête à cuire (ou 1 gros poulet fermier)
- 1/2 citron
- 1 poireau
- 2 carottes
- 1 branche de céleri
- 1 oignon
- 1 branche de thym
- 3 feuilles de laurier
- 10 gousses de cardamome noire (ou, à défaut, blanche ou verte)
- 30 cl de crème fraîche
- 50 g de beurre
- gros sel, sel, poivre du moulin

au cœur des épices

Vous pouvez cuire la poularde la veille et la réserver au réfrigérateur dans son jus de cuisson : l'infusion des épices donnera un goût plus prononcé. Ne jetez surtout pas le jus de cuisson restant, vous y ferez cuire du riz ou vous confectionnerez une merveilleuse soupe chinoise. La cardamome, surtout la noire, est peu utilisée en France. Elle vaut pourtant d'être découverte, car ses arômes, plus terriens que ceux de la cardamome verte, sont très subtils.

le conseil vin

Un vin blanc de Bourgogne ou un chardonnay du pays de l'Hérault.

Déposez la poularde dans une grande casserole. Épluchez, lavez et découpez grossièrement les carottes, le poireau, l'oignon, le céleri. Mettez-les dans la casserole avec le thym et le laurier, ajoutez un peu de gros sel et les gousses de cardamome noire. Portez à ébullition et faites cuire 1 h 45 à petits bouillons (si vous préparez un poulet fermier, comptez 1 h de cuisson). Contrôlez la cuisson en enfonçant la pointe d'un couteau dans le haut de la cuisse ; elle ne doit pas rencontrer beaucoup de résistance.

Lorsque la poularde est cuite, récupérez 30 cl de bouillon de cuisson et faites réduire avec les gousses de cardamome noire jusqu'à obtenir 5 cl. Ajoutez la crème fraîche et laissez réduire 5 mn. Salez, poivrez et ajoutez le jus de citron. Portez à ébullition et incorporez le beurre coupé en petits morceaux en fouettant.

Découpez la poularde, et servez-la aussitôt dans sa sauce.

Poulet au cari

Pour 4 personnes

Préparation : 30 mn
Cuisson : 45 mn

- 1 poulet fermier coupé en 8 morceaux
- 1 oignon
- 1 gousse d'ail
- 350 g de noix de coco râpée
- 1 tige de citronnelle
- 20 g de gingembre
- 2 cuil. à soupe de cari de Madras
- 1 bâton de cannelle
- 2 clous de girofle
- 1 couronne d'anis étoilé
- 5 cl d'huile d'arachide
- sel fin

au cœur des épices

Une adaptation des caris du Sud-Est asiatique, la force des piments en moins. Les caris m'ont toujours fasciné. En Asie, chaque famille à sa recette, toujours différente et inattendue. Le cari est meilleur réchauffé : je vous conseille donc de le préparer la veille et de le faire réchauffer très doucement pour ne pas le recuire. Vous pouvez parsemer le plat de pluches de coriandre fraîche au moment de servir, le cari n'en sera que plus parfumé.

le conseil vin

Le seul vin qui convienne à la force du cari est le gewurztraminer d'Alsace.

Épluchez et émincez l'oignon. Râpez le gingembre et l'ail avec une râpe à gruyère fine. Coupez la tige de citronnelle en tronçons.

Mettez la noix de coco râpée dans une casserole avec 50 cl d'eau. Faites bouillir 2 mn. Versez dans le bol d'un mixeur et mixez la totalité de la préparation en trois fois. Passez le lait de coco à travers un chinois fin en pressant pour extraire le maximum de substance.

Faites chauffer l'huile dans un faitout à fond épais. Faites-y dorer 5 mn les morceaux de poulet. Ajoutez l'oignon, l'ail et toutes les épices. Faites cuire 1 mn en remuant. Versez le lait de coco sur le poulet, salez et faites cuire doucement 40 mn à découvert. (Le temps de cuisson du poulet est fonction de la qualité des chairs ; si vous utilisez une volaille standard, la cuisson n'excédera pas 25 mn.)

Épaule d'agneau fondante à l'anis étoilé

Pour 6 personnes

Préparation : 30 mn
Cuisson : 1 h 30
Réfrigération : 12 h

- 1 épaule d'agneau de 1,2 kg, désossée et roulée
- 1 oignon
- 1 carotte
- 1 bulbe de fenouil
- 10 couronnes d'anis étoilé
- 50 cl de vin blanc
- 1 cuil. à soupe de cassonade
- 2 cuil. à soupe de farine
- 2 cuil. à soupe de crème fraîche
- 3 cuil. à soupe d'huile d'arachide
- sel fin

au cœur des épices

La cuisine chinoise fait un grand usage de l'anis étoilé, principalement avec des préparations de porc. L'agneau, lui aussi, se marie très bien avec les saveurs anisées.

le conseil vin

Un gigondas ou un châteauneuf-du-pape.

Épluchez et lavez les légumes, taillez-les en dés de 1 cm. Dans une cocotte en fonte, faites-les dorer doucement avec la moitié de l'huile d'arachide. Ajoutez 5 étoiles d'anis.

Dans une poêle, saisissez l'épaule d'agneau sur toutes ses faces. Transférez la viande dans la cocotte et poudrez-la de farine. Mouillez avec le vin blanc et 50 cl d'eau. Ajoutez le sucre et 1 pincée de sel. Portez à ébullition, couvrez et laissez cuire 30 mn. Retournez l'épaule et laissez cuire encore 30 mn. Ajoutez les étoiles d'anis restantes, complétez avec un peu d'eau si le niveau affleure en dessous de la viande. Faites cuire 30 mn. Contrôlez la cuisson avec une fourchette : elle doit s'enfoncer sans résistance. Laissez reposer.

Quand la préparation est chaude mais non brûlante, étalez sur une planche un film alimentaire suffisamment long pour pouvoir y enrouler l'épaule deux fois. Enroulez la viande en serrant bien, mettez-la 12 h au froid. Passez la sauce à travers une passoire fine en réservant les étoiles d'anis. Réservez au froid.

Le lendemain, retirez le film alimentaire et coupez l'épaule en tranches de 2 cm d'épaisseur. Faites dorer celles-ci dans un peu d'huile. Faites réchauffer doucement la sauce et servez en saucière.

Cuisses de lapin à l'anis vert

Pour 4 personnes

Préparation : 30 mn
Cuisson : 1 h

- 4 cuisses de lapin
- 2 citrons verts
- 1 oignon
- 2 gousses d'ail
- 4 cuil. à soupe de graines d'anis vert (ou de fenouil)
- 20 g de farine
- 10 g de beurre
- 1 cuil. à café de sucre
- 2 cuil. à soupe d'huile d'arachide
- sel fin

Épluchez les citrons verts avec un couteau économe et faites bouillir les zestes 5 mn dans de l'eau. Épluchez l'oignon et coupez-le en fines lamelles. Pressez le jus d'un citron vert.

Dans un faitout à fond épais, faites chauffer l'huile et le beurre. Salez les cuisses de lapin et faites-les revenir doucement sur chaque face. Ajoutez alors l'oignon, les gousses d'ail non épluchées, les graines d'anis vert, le sucre et les écorces de citron vert. Laissez cuire 1 mn. Poudrez de farine et mouillez avec 50 cl d'eau. Salez et ajoutez le jus de citron vert. Portez à ébullition, couvrez et faites cuire 1 h sur feu très doux.

Rectifiez l'assaisonnement en sel et servez aussitôt. •

au cœur **des épices**

L'anis vert développe un parfum anisé moins fort que celui de l'anis étoilé. Cuites, ses petites graines croquent sous la dent en renforçant la saveur du plat.

le conseil **vin**

Un faugères de chez Baral, ou un saint-chinian de chez Canet Valette.

Fricassée de volaille à la torréfaction d'épices

Pour 4 personnes

Préparation : 30 mn
Cuisson : 45 mn

- 1 poulet fermier vidé et découpé
- 1 oignon
- 1/2 citron
- 1 branche de céleri
- 1 carotte
- 1 cuil. à café de poivre du Sichuan (ou à défaut, de cardamome)
- 1 cuil. à café de graines de cumin
- 1 cuil. à café de graines de coriandre
- 1 cuil. à café de graines de moutarde
- 1 cuil. à soupe de farine
- 10 cl de vin blanc sec
- 50 g de crème fraîche
- 25 g de beurre
- 5 cl d'huile d'arachide
- sel fin

au cœur des épices

Quand vous actionnerez le moulin à café pour moudre les épices, tous leurs parfums embaumeront votre cuisine !

le conseil vin

Un vouvray demi-sec ou tendre de chez Champalou, ou un tokay bien mûr du domaine Barmès-Buecher.

Salez les morceaux de poulet. Faites-les dorer à l'huile dans un grand sautoir ou une cocotte.

Épluchez et lavez l'oignon, la carotte et le céleri, coupez-les en dés de 1 cm et ajoutez-les au poulet. Faites cuire 2 mn en remuant bien avec une spatule. Poudrez de farine, versez le vin blanc et 50 cl d'eau. Faites cuire 40 mn à couvert sur feu doux.

Dans une poêle en fonte, faites chauffer les graines d'épices à sec et faites-leur prendre une très légère coloration. Broyez-les ensuite finement dans un moulin à café.

Déposez les morceaux de poulet dans un plat de service.

Dans la casserole de cuisson, versez la crème fraîche, ajoutez les épices à la sauce et laissez frémir 5 mn. Ajoutez ensuite le jus de citron. Faites cuire 1 mn. Passez la sauce sur les morceaux de poulet à travers une passoire très fine. Servez aussitôt.

Poitrine de porc fondante aux trois épices

Pour 4 à 5 personnes

Préparation : 30 mn
Cuisson : 1 h 20 environ

- 1 kg de poitrine de porc fraîche prise dans la partie maigre et taillée en tranches de 2 cm d'épaisseur
- 1 gros oignon
- 1 carotte
- 1 branche de céleri
- 2 bâtons de cannelle de Ceylan
- 8 couronnes d'anis étoilé
- 8 pièces de poivre long (ou, à défaut, 1 gousse de vanille entière)
- 40 cl de crème fraîche épaisse
- sel fin

Épluchez les légumes, lavez-les et taillez-les grossièrement. Mettez-les dans une cocotte, ajoutez la poitrine et les épices et couvrez d'eau. Portez à ébullition, baissez le feu et faites cuire 1 h environ à couvert. Contrôlez la cuisson en piquant les morceaux de porc : ils doivent être très tendres. Sortez-les et réservez-les dans un plat.

Passez le bouillon, éliminez les légumes et reversez le bouillon dans la casserole. Faites-le réduire à 20 cl.

Ajoutez la crème fraîche et laissez cuire 5 mn. Ajoutez la poitrine cuite, les épices et faites cuire doucement jusqu'à épaississement de la crème. Salez, et servez bien chaud.

au cœur des épices

Ici, la cannelle de Ceylan (en longs bâtonnets clairs et friables) est préconisée, sa saveur délicate est en effet celle qui convient le mieux à cette préparation moelleuse aux saveurs d'épices fondues, que j'aime bien servir avec du chou vert croquant. Le poivre long, quant à lui, apporte une note vanillée et brûlante si l'on prend soin de le laisser entier.

le conseil vin

Un ondenc (cépage gaillacois) de chez Bernard Plageoles. Ce vin est rare mais c'est ce qui convient le mieux à cette préparation. À défaut, optez pour un bergerac blanc.

Filet mignon de porc au caramel d'anis étoilé

Pour 4 personnes

Préparation : 30 mn
Cuisson : 15 mn

- 2 filets mignons de porc
- 6 couronnes d'anis étoilé
- 1 cuil. à soupe de vinaigre
- 25 g de beurre
- 20 g de sucre
- 1 cuil. à soupe de fécule
- 5 cl d'huile d'arachide
- sel fin, poivre blanc du moulin

Dans une sauteuse, faites chauffer l'huile. Salez et poivrez les filets mignons. Quand l'huile est chaude, saisissez-les très doucement jusqu'à obtenir une légère coloration. Couvrez et faites cuire 10 mn en ayant soin de retourner la viande à mi-cuisson.

Dans une casserole, portez à ébullition 50 cl d'eau avec l'anis étoilé, et faites réduire à 20 cl.

Faites chauffer le sucre dans un sautoir et, avec une spatule en bois, tournez-le jusqu'à l'obtention d'un caramel. Versez sur ce caramel l'infusion d'anis étoilé, le vinaigre, et faites cuire 5 mn en tournant pour dissoudre le sucre.

Délayez la fécule avec 3 cuillerées à soupe d'eau froide.

Retirez les filets mignons de la sauteuse et découpez-les en tranches. Répartissez-les dans 4 assiettes ou dressez-les dans un plat. Jetez l'huile de cuisson et versez à travers une passoire le caramel dans le sautoir. Portez à ébullition. Ajoutez la fécule en fouettant, puis incorporez le beurre coupé en morceaux. Salez, poivrez. Décorez avec les étoiles d'anis et nappez de sauce. •

au cœur **des épices**

Les Chinois adorent l'anis étoilé pour accommoder le porc. J'ai interprété ainsi leur influence.

le conseil **vin**

Un givry ou un irancy, mais pourquoi pas, aussi, un vin blanc du sud de la France (de Collioure, Roussillon, ou Saint-Georges-d'Orques).

Paleron braisé au vin blanc d'Anjou et aux épices poivrées

Pour 6 personnes

Préparation : 25 mn
Cuisson : 1 h 35

- 800 g de paleron dégraissé, en un morceau
- 3 carottes
- 1 oignon
- 2 gousses d'ail
- 50 g de gingembre frais
- 2 gousses de poivre long (ou à défaut, 1 noix de muscade)
- 1 cuil. à soupe de poivre blanc en grains
- 50 cl de coteaux-du-layon
- 50 cl de vin blanc sec d'Anjou
- 5 cl d'huile d'arachide
- sel

Épluchez les carottes, l'oignon, l'ail et le gingembre. Lavez les carottes et taillez-les en grosses rondelles. Hachez l'oignon, coupez les gousses d'ail en quartiers et le gingembre en lamelles. Concassez les poivres en mignonnette.

Dans une cocotte en fonte, faites chauffer l'huile. Saisissez-y le paleron sur toutes ses faces. Ajoutez les carottes, l'oignon, le gingembre et l'ail, puis le poivre blanc et le poivre long. Faites cuire 5 mn en remuant. Versez le vin blanc sec et le coteaux-du-layon ainsi que 50 cl d'eau. Salez légèrement, couvrez, baissez le feu et faites mijoter 1 h 30. Si la viande est encore un peu trop ferme, continuez la cuisson 15 mn en rajoutant 1 verre d'eau.

Au terme de cette cuisson, retirez la viande et laissez réduire le jus de cuisson à 2 cl. (Si vous voulez conserver le côté rustique, gardez les épices dans le jus, sinon filtrez-le.) Servez tiédi.

au cœur **des épices**

Le poivre long est une épice miracle qui dispose d'une palette aromatique très étendue. Si vous avez du mal à vous en procurer, remplacez-le par du poivre, un peu de noix de muscade râpée et 1/2 gousse de vanille en fin de cuisson.

le conseil **vin**

Un savennières, un cheverny blanc, ou tout vin blanc sec d'Anjou.

Tartare de veau
à la citronnelle

Pour 4 personnes

Préparation : 20 mn
Réfrigération : 1 h

- 600 g de veau maigre haché
- 1 échalote
- 5 cuil. à soupe de persil frisé haché
- 1/2 citron
- 2 tiges de citronnelle fraîche
- 2 jaunes d'œufs
- 1 cuil. à soupe de crème fraîche épaisse
- 1 cuil. à soupe de moutarde forte à l'ancienne
- 2 cuil. à soupe d'huile d'olive
- sel, poivre du moulin

Coupez en fines lamelles la citronnelle (la partie bulbeuse uniquement ; le reste de la tige pourra servir pour une infusion ou dans un court-bouillon). Épluchez l'échalote. Dans un mixeur, broyez ensemble l'échalote et la citronnelle.

Dans une jatte, mélangez les jaunes d'œufs, la moutarde et l'huile d'olive, puis ajoutez le jus de citron, le persil haché et le hachis de citronnelle-échalote. Mélangez bien tous les ingrédients en ajoutant la viande hachée puis la crème fraîche en dernier. Salez et poivrez. Réservez au réfrigérateur 1 h avant de servir.

Ce plat s'accompagne d'une salade fine : roquette, trévise rouge ou mâche.

au cœur des épices

Les herbes et les épices sont ici mises en valeur, car le goût du veau est peu prononcé.
La citronnelle domine du haut de sa saveur.

le conseil vin

Un sauvignon de Touraine ou un sancerre.

Goulasch de veau aux pistaches

Pour 4 personnes

Préparation : 40 mn
Cuisson : 1 h 20

- 800 g de veau (tendron, collet ou épaule), coupé en cubes de 2 cm
- 4 tomates
- 1 oignon
- 1 gousse d'ail
- 100 g de pistaches décortiquées
- 1 botte de ciboulette
- 2 cuil. à soupe de paprika
- 1 cuil. à soupe de concentré de tomates
- 10 cl de vin blanc sec
- 2 cuil. à soupe de vinaigre de vin
- 1 cuil. à soupe de crème fraîche épaisse
- 5 cl d'huile d'arachide
- 1 cuil. à café de sucre
- sel

au cœur des épices

Le paprika est une épice qu'il faut choisir avec sévérité : d'abord il doit provenir de Hongrie, ensuite il est souvent moulu depuis longtemps et il ne faut acheter que la variété la plus fraîche (fiez-vous à l'odeur et à la couleur). Préférez, à l'achat en vrac, le conditionnement sous vide en boîte de métal. Vous pouvez faire cuire des pommes de terre dans la cocotte en les ajoutant à mi-cuisson et en versant 1 verre d'eau.

le conseil vin

Un vin du Languedoc : un saint-georges-d'orques du domaine Henry.

Épluchez et hachez l'oignon. Épluchez l'ail et coupez-le en lamelles. Lavez les tomates et coupez-les en gros dés.

Préchauffez le four à 180 °C (th. 5-6).

Dans une cocotte en fonte, faites chauffer l'huile et faites-y dorer 5 mn les morceaux de veau. Ajoutez l'oignon et l'ail, faites cuire 1 mn. Ajoutez le sucre et le vinaigre, faites cuire 1 mn. Ajoutez le vin blanc et les tomates ainsi que le paprika et le concentré de tomates, mouillez avec 50 cl d'eau, salez. Faites cuire 1 h au four, à couvert.

Au bout de ce temps, sortez le plat du four. Mettez-le sur feu doux et faites cuire environ 15 mn. Rectifiez l'assaisonnement en sel, ajoutez la crème fraîche, puis les pistaches. Ciselez la ciboulette et parsemez-en le goulasch juste avant de servir.

Poulet « Florence » aux épices

Pour 4 personnes

Préparation : 10 mn
Cuisson : 40 mn

- 1 poulet fermier vidé
- 1 botte d'oignons nouveaux
- 1 gousse d'ail
- 1 botte de coriandre fraîche
- 2 morceaux de gingembre pelé, de la grosseur d'une noix
- 10 cl de sauce de soja
- 5 cl d'huile d'arachide
- gros sel

Vous devez utiliser pour cette recette un wok (ou un faitout) muni d'un couvercle. Déposez le poulet dans le wok sur le côté cuisse. Ajoutez 1 litre d'eau froide, 1 pincée de gros sel, 1 noix de gingembre coupée en lamelles et 1/2 botte de coriandre fraîche. Couvrez et faites cuire doucement 20 mn en arrosant fréquemment. Retournez le poulet, complétez avec un peu d'eau pour conserver le même volume de jus et faites cuire encore 20 mn. Sortez le poulet du jus, coupez-le en petits morceaux à l'aide d'un couperet, sans le désosser. Il doit être rosé.

Séparez le vert et le blanc des oignons nouveaux. Lavez le vert et émincez-le finement. Épluchez les bulbes d'oignon et coupez-les en fines lamelles. Faites-les bien dorer dans l'huile, débarrassez-les sur un papier absorbant.

Râpez la gousse d'ail et le gingembre restant, faites-les revenir 10 secondes dans la même huile. Ajoutez la sauce de soja et 10 cl d'eau, puis le vert des oignons nouveaux. Réservez.

Dans un plat creux, déposez les morceaux de poulet, nappez de sauce et parsemez le tout de pluches de coriandre fraîche. Servez avec un riz nature.

au cœur des épices

C'est un plat que j'adore et qu'une amie chinoise me prépare souvent. Il faut sucer les os pour bénéficier de toute la saveur du poulet.

le conseil vin

Un saint-joseph blanc, ou un viognier de l'Ardèche.

les légumes

les assaisonnements

Légumes caramélisés aux épices

Pour 4 personnes

Préparation : 20 mn
Cuisson : 30 mn

- 4 carottes
- 2 bulbes de fenouil
- 4 pommes de terre
- 1/2 boule de céleri-rave
- 4 navets nouveaux
- 1/2 citron
- 1 bâton de cannelle
- 3 couronnes d'anis étoilé
- 1 cuil. à café de *garam masala*
- 1 cuil. à café de cassonade ou de mélasse
- 1 cuil. à café d'huile d'olive
- 20 g de beurre
- 1 pincée de fleur de sel

Épluchez les carottes, les pommes de terre et les navets. Parez les bulbes de fenouil et coupez-les en quatre. Épluchez le céleri au couteau et détaillez-le en lamelles de 2 cm d'épaisseur. Essuyez les légumes soigneusement avec un papier absorbant.

Dans une grande lèchefrite, faites chauffer l'huile d'olive, joignez-y les couronnes d'anis étoilé et la cannelle. Faites-les revenir 1 mn et ajoutez-y les légumes. Faites légèrement dorer. Poudrez de *garam masala*, de sucre et de fleur de sel. Ajoutez 30 cl d'eau et la noix de beurre. Couvrez d'un papier d'aluminium et laissez cuire 20 mn sur feu doux.

Au bout de ce temps, contrôlez la cuisson des légumes en les piquant avec la pointe d'un couteau. S'ils sont tendres, ajoutez le jus de citron et laissez caraméliser 1 mn : il ne doit plus rester d'eau dans le plat. Si les légumes manquent un peu de cuisson ou si vous les aimez plus cuits, ajoutez encore 10 cl d'eau et faites mijoter 10 mn de plus en vérifiant que l'eau ne s'évapore pas trop vite. Servez aussitôt.

au cœur **des épices**

C'est un plat de légumes, qui se suffit à lui-même, rehaussé d'épices indiennes. Pour les gros mangeurs, vous pouvez prévoir un risotto comme garniture. Si les légumes proposés ne sont pas de saison quand vous voulez réaliser cette recette, utilisez-en d'autres. N'hésitez pas non plus à les personnaliser en choisissant « votre » épice.

le conseil **vin**

Un beaujolais ou un gamay de Touraine.

Couscous 100 % légumes, vinaigrette d'épices

Pour 4 personnes

Préparation : 40 mn
Cuisson : 30 mn

- 1 chou-fleur
- 2 poivrons rouges bien charnus
- 2 bulbes de fenouil
- 2 aubergines
- 1 citron vert
- 50 g d'amandes hachées
- 1 cuil. à soupe de ras el-hanout (ou de poudre de cumin ou de coriandre)
- 1 cuil. à café de graines de moutarde
- 1 cuil. à café de graines de coriandre
- 1 cuil. à café de graines de cumin
- 1 cuil. à café de graines de fenugrec
- 20 cl d'huile d'olive
- 30 g de beurre

au cœur des épices

La semoule de chou-fleur est très goûteuse et se marie très bien avec l'arôme complexe du ras el-hanout. Ce substitut de couscous est très simple à réaliser, et surprenant de légèreté.

le conseil vin

Un vin rosé des coteaux du Languedoc, du Minervois ou de Corbières.

Détachez les bouquets du chou-fleur et coupez-les en cubes de 2 cm de côté. Au robot ou au mixeur, broyez-les afin d'obtenir une semoule fine. Procédez en quatre fois.

Portez à ébullition de l'eau salée dans une grande casserole. Versez-y la semoule de chou-fleur. À la reprise de l'ébullition, faites cuire 30 secondes puis égouttez le chou-fleur dans une passoire. Réservez en continuant l'égouttage.

Épluchez les poivrons rouges avec un couteau économe, comme des pommes de terre, et taillez la chair en lamelles de 2 cm de largeur et 4 cm de longueur. Taillez les bulbes de fenouil et les aubergines en tranches de 1 cm d'épaisseur.

Dans une petite casserole, portez un peu d'eau à ébullition et faites-y bouillir les graines d'épices 1 mn, puis égouttez-les.

Pressez le citron vert au-dessus d'un bol, ajoutez-y les épices égouttées, les amandes hachées et 10 cl d'huile d'olive. Préchauffez le four à 170 °C (th. 4-5).

Dans une grande poêle, faites revenir 5 mn les légumes avec le reste de l'huile d'olive, sur feu doux. Débarrassez-les dans un plat et terminez la cuisson 15 mn au four.

Dans la poêle nettoyée, faites fondre le beurre, ajoutez la semoule de chou-fleur et le ras el-hanout. Salez, mélangez bien 2 mn sur feu doux et débarrassez dans un plat de service. Couvrez des légumes ; servez la sauce en saucière.

Risotto aux châtaignes et cèpes, parfum de muscade

Pour 4 personnes

Préparation : 15 mn
Cuisson : 25 mn

- 300 g de riz parfumé thaï ou de riz rond italien
- 1,5 litre de bouillon ou de fond de volaille
- 300 g de cèpes (davantage si vous le désirez)
- 100 g de châtaignes cuites au naturel
- 1 oignon
- 1 noix de muscade
- 1/2 verre de vin blanc
- 5 cl de crème fraîche
- 1 cuil. à soupe d'huile d'olive
- sel

Épluchez l'oignon et coupez-le en lamelles très fines. Dans une grande casserole, faites-le revenir dans l'huile d'olive sans coloration.

Ajoutez le riz, faites cuire 30 secondes et versez le vin blanc. Laissez bouillir jusqu'à évaporation complète. Ajoutez le bouillon. Laissez frémir 25 mn en remuant très fréquemment : quand le riz est cuit, il doit avoir une consistance crémeuse ; au cas où il serait trop compact, ajoutez un peu de bouillon.

Grattez les cèpes, rincez-les brièvement si nécessaire, et dans ce cas épongez-les bien avec du papier absorbant. Détaillez-les en dés de 1 cm de côté et ajoutez-les au risotto. Incorporez doucement la crème fraîche à la préparation. Salez et ajoutez un peu de noix de muscade râpée. Goûtez : si vous désirez une présence des épices plus soutenue, râpez encore un peu de noix de muscade.

Émiettez les châtaignes sur le risotto, mélangez délicatement. Servez bien chaud.

au cœur **des épices**

Un plat d'automne plein de parfums, où la noix de muscade vient apporter sa touche « d'ailleurs ». À accompagner d'une salade.

le conseil **vin**

Un vin blanc de Cairanne au goût de truffe, ou un côtes-de-provence blanc.

Tarte de tomates
au pavot

Pour 4 personnes

Préparation : 45 mn
Cuisson : 15 mn
Réfrigération : 10 mn

- 500 g de pâte feuilletée
- 8 tomates rouges mais fermes
- 40 g de graines de pavot
- 50 g de farine
- 10 cl d'huile d'olive
- gros sel

Partagez le pâton de pâte feuilletée en deux, farinez les deux moitiés et abaissez chacune en forme de galette ronde de 30 cm de diamètre. Réservez au froid, bien à plat.

Remplissez une casserole d'eau à mi-hauteur et portez à ébullition. Préparez un récipient d'eau très froide, voire glacée. Retirez le pédoncule avec la pointe d'un couteau avant de plonger les tomates 10 secondes dans l'eau bouillante. Retirez-les et plongez-les immédiatement dans l'eau très froide. Pelez-les et coupez-les en quatre. Avec la pointe du couteau, retirez les pépins et les parties internes des tomates afin qu'il ne reste que la chair. Salez tous les morceaux et réservez 10 mn au froid.

Préchauffez le four à 200 °C (th. 6-7).

Égouttez les tomates sur un papier absorbant puis disposez les quartiers en rosace sur chaque galette de pâte feuilletée. Salez au gros sel et parsemez abondamment de graines de pavot. Faites cuire 15 mn au four. Si votre four n'est pas assez grand pour cuire les deux tartes en même temps, réalisez une tarte à la fois pour éviter que la pâte ne se détrempe. Arrosez d'huile d'olive à la sortie du four et servez chaud. •

au cœur **des épices**

La simplicité du pavot souligne cette tarte que j'aime beaucoup. Accompagnez-la d'une salade un peu amère (roquette, frisée…).

le conseil **vin**

Un sauvignon, ou un bandol blanc du domaine de Terrebrune.

Chou farci d'aubergine et de patate douce au carvi

Pour 4 personnes
Préparation : 40 mn
Cuisson : 45 mn

- 1 chou vert
- 4 aubergines
- 2 patates douces (400 g en tout)
- 50 g de cerneaux de noix
- 1 cuil. à soupe de graines de carvi
- 10 cl d'huile d'olive
- gros sel, sel fin

Effeuillez le chou. Conservez huit feuilles parmi les plus grandes. Émincez finement les autres. Épluchez les patates douces et taillez-les en cubes de 1 cm de côté.

Préchauffez le four à 180 °C (th. 5-6). Coupez les aubergines en deux. Déposez-les dans un plat, salez-les, arrosez-les d'huile d'olive et faites-les cuire 30 mn au four. Laissez refroidir. Baissez la température du four à 150 °C (th. 4).

Hachez grossièrement les noix et faites-les blanchir 1 mn dans une petite casserole d'eau bouillante. Égouttez-les.

Préparez un récipient d'eau glacée. Dans une casserole d'eau salée au gros sel, faites blanchir les feuilles de chou 30 secondes puis plongez-les immédiatement dans l'eau glacée. Répétez l'opération avec les lanières de chou en les blanchissant 1 mn. Égouttez tout le chou en le pressant entre vos mains.

Dans une grande poêle, faites chauffer l'huile d'olive restante et faites-y revenir 5 mn les cubes de patate douce avec le carvi. Salez.

Grattez la chair des aubergines cuites avec une cuillère et ajoutez-la aux patates douces. Ajoutez les noix et le chou en lanières. Faites chauffer en mélangeant bien. Salez.

Étalez deux feuilles de chou de manière à obtenir une surface ronde et déposez au milieu le quart de la préparation de légumes. Refermez en rabattant les feuilles sur le dessus. Pressez et réservez sur une plaque allant au four. Renouvelez l'opération pour les autres feuilles. Faites cuire 15 mn au four en couvrant les feuilles de chou de papier d'aluminium pour éviter le dessèchement. Servez accompagné d'une vinaigrette au cari et à la betterave rouge (page 139).

au cœur **des épices**

Le goût légèrement anisé du carvi s'accorde bien avec le chou.

le conseil **vin**

Un pinot noir d'Alsace.

Gratin d'épinards au potiron et à la coriandre

Pour 4 personnes

Préparation : 45 mn
Cuisson : 40 mn

- 1 kg de potiron
- 1 kg d'épinards
- 500 g d'oseille
- 1 cuil. à soupe de coriandre (ou de cumin) en poudre
- 1 noix de muscade
- 250 g de beaufort râpé
- 50 g de beurre
- sel

Pelez le potiron. Taillez-le en lamelles de 2 cm d'épaisseur. Faites cuire ces lamelles 8 mn au four à micro-ondes. Égouttez-les dans une passoire au terme de la cuisson.

Triez et équeutez les épinards et l'oseille, lavez-les dans trois eaux. Essorez-les comme une salade. Dans une grande poêle, faites chauffer la moitié du beurre. Ajoutez la moitié des épinards et de l'oseille, salez et râpez un peu de noix de muscade au-dessus. **R**enouvelez l'opération avec l'autre moitié. Si votre poêle n'est pas assez grande, vous pouvez effectuer cette opération en plusieurs fois.

Préchauffez le four à 180 °C (th. 5-6). Versez le potiron dans un plat à gratin, salez et saupoudrez de coriandre. Répartissez la moitié du beaufort sur le potiron. Couvrez du mélange épinards-oseille et terminez par une couche de beaufort. Glissez le plat dans la partie haute du four pour bien gratiner, et faites cuire 25 mn. •

au cœur **des épices**

La coriandre joue, dans ce gratin, le rôle de lien. Elle harmonise la douceur du potiron et l'acidité de l'oseille.

le conseil **vin**

Un tokay d'Alsace ou un chardonnay.

Céleri-rave aux graines de fenouil

Pour 4 personnes

Préparation : 20 mn
Cuisson : 30 mn

- 1 grosse boule de céleri-rave
- 1 citron coupé en deux
- 1 cuil. à soupe de graines de fenouil
- 1/2 cuil. à café de curcuma
- 50 cl de fond blanc ou de bouillon de volaille (ou 50 cl d'eau avec 1 oignon coupé en quartiers)
- 20 cl de crème liquide
- sel, poivre du moulin

au cœur des épices

Voilà une compote onctueuse dans laquelle la graine de fenouil communique un petit goût anisé au céleri-rave : le mariage est parfait. Si vous n'avez pas de graines de fenouil, vous pouvez les remplacer par du cumin, du carvi ou des graines d'aneth.

accompagnement

C'est une garniture qui convient aussi bien à une viande blanche qu'à un poisson rôti.

Épluchez le céleri-rave avec un couteau en veillant à ne pas faire d'épluchures trop épaisses. Lavez et séchez la boule de céleri-rave, et frottez-la avec la moitié du citron. Pressez l'autre moitié.

Taillez la boule en lamelles de 2 mm d'épaisseur environ ; retaillez ces tranches en bâtonnets de même largeur afin d'obtenir une julienne. Réunissez cette julienne en petits « fagots » égaux sur le plan de travail et découpez-les en petits dés de 2 mm de côté.

Dans une casserole, versez les dés de céleri, les graines de fenouil, le fond blanc ou le bouillon de volaille (ou encore l'eau et l'oignon), ainsi que le jus de citron. Portez à ébullition et faites cuire jusqu'à évaporation totale du liquide.

Retirez l'oignon s'il y a lieu. Ajoutez la crème liquide, le curcuma et laissez cuire jusqu'à épaississement. Salez et poivrez, servez bien chaud.

Riz grillé au cumin

Pour 4 personnes

Préparation : 5 mn
Cuisson : 40 mn
Repos : 10 mn

- 200 g de riz parfumé thaï
- 1 cuil. à soupe de poudre de cumin
- 75 g de beurre
- sel fin

Dans une casserole, versez le riz. Couvrez-le d'un volume d'eau qui doit arriver au sommet de la première phalange de votre index. Ajoutez 1 pincée de sel, portez à ébullition, baissez le feu, couvrez et laissez cuire 20 à 25 mn sur feu doux.

Lorsque le riz est cuit, laissez-le gonfler tranquillement 10 mn hors du feu. Mélangez la poudre de cumin au riz. Rectifiez l'assaisonnement en sel si nécessaire.

Faites chauffer le beurre dans une poêle antiadhésive. Versez dans la poêle le mélange riz-cumin et faites cuire 15 mn sur feu doux en veillant à ce que le riz ne brûle pas. Retournez-le dans un plat creux afin que le côté rissolé soit apparent : c'est une opération délicate. Pour cela, décollez la galette de riz avec précaution à l'aide d'une spatule en bois, déposez le plat retourné sur la poêle et retournez celle-ci d'un coup sec. Le riz doit tomber d'un seul tenant dans le plat.

au cœur des épices

En Asie, il existe des centaines de façon d'accommoder le riz. Je tiens cette recette d'un Indien ; c'est un régal. Quelle que soit la préparation, la cuisson du riz donne de meilleurs résultats quand il y en a une grande quantité. Je pense que 200 g est le minimum.

accompagnement

Le riz côtoie avec bonheur presque tous les plats en sauce. Vous pouvez laisser votre imagination guider votre instinct.

Tomates panées aux graines de pavot

Pour 4 personnes

Préparation : 20 mn
Cuisson : 10 mn

- 8 belles tomates bien mûres
- 4 filets d'anchois salés
- 10 g de graines de pavot
- 5 cl d'huile d'olive
- 50 g de beurre légèrement ramolli
- sel, poivre du moulin

Portez à ébullition une grande casserole remplie d'eau à mi-hauteur. Retirez le pédoncule et le cœur fibreux des tomates avec la pointe d'un couteau. Ayez à portée de main un récipient d'eau bien froide (ajoutez des glaçons si nécessaire). Plongez les tomates dans l'eau bouillante, comptez 10 secondes, puis retirez-les avec une écumoire et plongez-les immédiatement dans l'eau glacée. Pelez les tomates et coupez-les en deux horizontalement. Épépinez-les à l'aide d'une petite cuillère et placez-les sur un papier absorbant pour éliminer le maximum d'eau de végétation. Réservez.

Réunissez, dans le bol d'un mixeur, les filets d'anchois et le beurre. Broyez pour obtenir une pommade.

Préchauffez le four à 160 °C (th. 4). Déposez les tomates dans un plat allant au four. Arrosez d'huile d'olive, salez et poivrez. Surmontez chaque tomate d'une noix de beurre d'anchois et parsemez le tout de graines de pavot. Faites cuire 10 mn au four. Une fois les tomates cuites, retirez-les à l'aide d'une palette pour éliminer l'eau de végétation.

au cœur **des épices**

Une variante savoureuse du mariage tomate-anchois, avec un supplément de croquant que les graines de pavot ajoutent sous la dent : la sensation et le goût sont très agréables.

accompagnement

Les poissons poêlés ou pochés se marient très bien avec la petite acidité de la tomate.

Épinards fondus à la noix de muscade

Pour 4 personnes

Préparation : 20 mn
Cuisson : 2 mn

- 1 kg d'épinards frais
- 1 noix de muscade
- 20 g de beurre
- sel, poivre du moulin

Triez et équeutez les épinards et lavez-les dans trois eaux. Essorez-les comme une salade.

Dans une grande casserole, faites chauffer le beurre, ajoutez les épinards, couvrez et faites cuire 1 mn en remuant souvent. Râpez un peu de noix de muscade au-dessus des épinards, ajoutez 1 petite pincée de sel et donnez 1 tour de moulin à poivre. Lorsque les épinards ont fondu, pressez-les avec une spatule sur le rebord de la casserole pour extraire le maximum d'eau de végétation. Déposez-les dans un plat de service ou directement dans les assiettes et servez.

au cœur des épices

Beurre et noix de muscade : tout le monde connaît cet assaisonnement pour les épinards. On peut également ajouter un peu de zeste d'orange finement râpé.

accompagnement

Une viande blanche, un poisson poché ou une volaille.

Mousse de carotte aux épices

Pour 4 personnes

Préparation : 20 mn
Cuisson : 20 mn

- 1 kg de carottes de sable
- 100 g de crème fraîche épaisse
- 1 cuil. à café de cari
- 1 cuil. à café de cumin en poudre
- sel, poivre blanc du moulin

Épluchez et lavez les carottes. Coupez-les en rondelles de 2 cm d'épaisseur et faites-les cuire 20 mn dans de l'eau salée. Soignez bien la cuisson : elles doivent être tendres. La réussite de votre purée dépend de ce facteur. Si les carottes sont insuffisamment cuites, la purée sera granuleuse, et si elles sont trop cuites, votre purée sera liquide, car elles auront retenu l'eau de cuisson.

Dans une casserole, portez à ébullition la crème fraîche avec les épices. Broyez les carottes au mixeur pour obtenir une purée très lisse. Mélangez au fouet cette purée avec la crème et les épices. Rectifiez l'assaisonnement si nécessaire.

au cœur des épices

Les carottes, ici, se trouvent transcendées par le cari. Cette purée peut être servie froide ou chaude selon l'usage que vous prévoyez.

accompagnement

Un poisson poché ou rôti ou encore une viande blanche.

Fettuccine
au cari

Pour 2 personnes

Préparation : 10 mn
Cuisson : 5 mn

- 150 g de *fettuccine* fraîches
- le zeste râpé de 1/2 citron
- 1 cuil. à café de cari en poudre
- 25 g de crème fraîche épaisse
- gros sel, sel fin, poivre blanc du moulin

Dans une grande casserole, faites bouillir de l'eau additionnée de gros sel. Plongez-y les *fettuccine*. Faites cuire 3 mn, versez les pâtes dans une passoire, rafraîchissez-les sous l'eau froide courante pour arrêter la cuisson et égouttez-les.

Dans une casserole, réunissez la crème fraîche, le cari, le zeste de citron râpé et 1 pincée de sel fin. Portez à ébullition en fouettant, ajoutez les pâtes. Laissez cuire 1 mn sur feu très doux. Rectifiez l'assaisonnement si nécessaire et servez aussitôt.

au cœur **des épices**

Une préparation simple que le cari accompagne de son bouquet de parfums. Le zeste de citron donnera à la crème une touche vivifiante. Si vous doublez les proportions, vous obtiendrez un plat à part entière.

accompagnement

Tous les ragoûts et toutes les viandes en sauce.

Aubergines confites aux épices douces

Pour 4 personnes

Préparation : 30 mn
Cuisson : 25 mn

- 1 kg d'aubergines
- 1 gros oignon
- 1/2 cuil. à café de poudre de coriandre
- 1/2 cuil. à café de poudre de cumin
- 1 cuil. à café de cari en poudre
- 50 cl de lait
- 25 cl de crème liquide
- 5 cl d'huile d'olive
- sel, poivre du moulin

Épluchez et hachez finement l'oignon. Pelez les aubergines à l'aide d'un couteau économe. Détaillez-les en dés d'environ 1 cm de côté.

Dans un grand faitout, versez l'huile d'olive, ajoutez l'oignon haché et faites cuire doucement 1 mn sans coloration.

Ajoutez toutes les épices et remuez 1 mn, en tournant constamment avec une spatule en bois. Ajoutez les aubergines et le lait. Salez légèrement, portez à ébullition, mélangez bien. Laissez cuire 15 mn à petits bouillons. Contrôlez la cuisson en saisissant un morceau d'aubergine entre vos doigts : il doit être fondant. Versez la préparation dans une passoire, égouttez 2 mn en remuant de temps en temps.

Quand les aubergines sont égouttées, versez la crème liquide dans le faitout et faites réduire 1 mn. Ajoutez alors les aubergines égouttées et laissez mijoter 10 mn en remuant très régulièrement pour éviter que la préparation n'attache. Salez et poivrez si nécessaire.

au cœur des épices

Cette garniture d'aubergines est inspirée de la cuisine indienne, qui utilise fréquemment le lait.

accompagnement

Les poissons se marient très bien avec le moelleux de l'aubergine, mais vous pouvez également servir ce plat avec d'autres préparations de viandes rôties.

Lentilles vertes étuvées

au cari

Pour 4 personnes

Préparation : 20 mn
Cuisson : 35 mn

- 200 g de lentilles vertes du Puy
- 50 g de lard fumé
- 1 carotte
- 1 oignon
- 1 feuille de laurier
- 1 branche de thym
- 1 clou de girofle
- 1/2 bâton de cannelle
- 1 cuil. à café de cari en poudre
- 10 cl de crème fraîche
- gros sel, sel fin, poivre du moulin

Lavez les lentilles à l'eau froide deux ou trois fois. Épluchez l'oignon, coupez-le en quatre et plantez le clou de girofle dans un des quartiers. Épluchez la carotte et coupez-la en rondelles. Coupez le lard en quatre morceaux.

Réunissez tous ces ingrédients avec les lentilles dans une casserole de taille moyenne. Ajoutez le thym, le laurier et le bâton de cannelle. Couvrez d'eau et faites cuire 25 mn à frémissement. Contrôlez la cuisson des lentilles en goûtant de temps en temps. En fin de cuisson, ajoutez 1 pincée de gros sel.

Retirez la garniture aromatique. Égouttez les lentilles en gardant un peu de jus de cuisson. Ajoutez la crème fraîche et le cari. Laissez frémir de nouveau 5 mn sur feu doux. Salez et poivrez si nécessaire, servez bien chaud.

au cœur **des épices**

Lentilles et cari : un mariage que les Indiens connaissent bien. Chez eux, toutefois, il est beaucoup plus relevé que cette préparation.

accompagnement

Du cochon, ou de l'agneau.

Gâteau de chou-fleur

au curcuma

Pour 4 personnes

Préparation : 20 mn
Cuisson : 1 h 40
Réfrigération : 12 h

- 500 g de chou-fleur
- 2 œufs
- 1 cuil. à café de curcuma
- 200 g de crème fraîche épaisse
- 50 g de beurre
- sel

Lavez le chou-fleur et divisez-le en bouquets. Faites-le cuire 10 mn à la vapeur. Contrôlez la cuisson avec la pointe d'un couteau : il doit rester croquant.

Dans un grand saladier, réunissez le chou-fleur cuit, la crème fraîche, le curcuma et les œufs. Mélangez au fouet jusqu'à ce que le chou-fleur soit réduit en petits morceaux. Salez.

Préchauffez le four à 180 °C (th. 5-6). Garnissez l'intérieur d'une terrine de papier d'aluminium beurré. Versez-y la préparation au chou-fleur. Couvrez la terrine et faites cuire 1 h au four, au bain-marie. Au bout de ce temps, découvrez la terrine et laissez cuire encore 30 mn. Sortez la terrine du four, laissez-la refroidir et gardez-la, découverte, 12 h au froid.

Environ 20 mn avant de servir, sortez la terrine du réfrigérateur, passez la pointe d'un couteau entre la feuille d'aluminium et le moule. Tirez sur le papier de chaque côté et renversez la terrine sur une planche. Retirez le papier d'aluminium. Découpez la terrine en tranches de 2 cm d'épaisseur.

Dans une poêle antiadhésive, faites fondre 30 g de beurre. Quand il est bien chaud, déposez-y les tranches de terrine. Faites cuire doucement 2 mn environ sur chaque face, jusqu'à l'obtention d'une belle coloration. Attention : les tranches sont fragilisées par la chaleur ; manipulez-les avec précaution.

au cœur des épices

Le curcuma apporte ici une saveur douce, légèrement muscadée, et une jolie couleur or.

acompagnement

Un rôti de porc ou de veau, une épaule ou un gigot d'agneau.

Galettes parmentières à la fève tonka et au sarrasin

Pour 4 personnes

Préparation : 20 mn
Cuisson : 30 mn
Réfrigération : 12 h

- 500 g de pommes de terre (BF15 ou charlotte)
- 3 jaunes d'œufs
- un peu de fève tonka (ou, à défaut, de cumin en poudre)
- 3 cuil. à soupe de crème fraîche épaisse
- 3 cuil. à soupe de farine de sarrasin
- sel

Épluchez et lavez les pommes de terre, coupez-les en gros morceaux. Rincez-les à l'eau courante. Faites cuire les pommes de terre à l'eau légèrement salée, égouttez-les et écrasez-les finement au mixeur ou au presse-purée.

Incorporez à cette purée la crème fraîche, puis les jaunes d'œufs un par un et, pour finir, la farine de sarrasin. Mélangez énergiquement à chaque addition de jaune d'œuf pour éviter que celui-ci ne coagule au contact de la purée très chaude. Rectifiez l'assaisonnement en sel.

Râpez la fève tonka au-dessus de la purée, en procédant en plusieurs fois et en goûtant à chaque étape, car le goût de cette épice est très puissant. Vous pouvez utiliser cette préparation immédiatement, mais vous faciliterez le moulage en la réservant 12 h au froid.

Dans une poêle antiadhésive de 32 cm de diamètre, déposez à sec, sans aucune matière grasse, 1 cuillerée à soupe de purée. Préparez 5 ou 6 galettes par poêlée. Posez la poêle sur feu doux, laissez bien dorer les galettes et retournez-les avec une spatule en plastique. Faites cuire l'autre face 2 à 3 mn. Servez aussitôt comme garniture.

au cœur des épices

Les parfumeurs utilisent la fève tonka pour charmer l'odorat. Ici, vos papilles découvriront ce que le nez n'avait jusqu'alors fait que deviner.

accompagnement

J'ai une préférence pour les viandes rouges, mais la pomme de terre se marie avec beaucoup de plats. N'hésitez pas à essayer diverses associations.

Endives à l'orange, au gingembre et à la coriandre

Pour 4 personnes

Préparation : 15 mn
Cuisson : 45 mn

- 4 belles endives
- 4 oranges
- 1/2 citron
- 20 g de gingembre
- 1 cuil. à soupe de graines de coriandre
- 50 g de beurre
- 1 cuil. à soupe de sucre
- sel fin

Préchauffez le four à 180 °C. (th. 5-6). Retirez la base et les feuilles abîmées et coupez les endives en deux dans le sens de la longueur. Alignez-les dans un plat à gratin, couvrez-les des jus des oranges et du citron.

Râpez le gingembre avec une petite râpe (à gruyère ou à gingembre). Saupoudrez les endives de sucre et d'un peu de sel fin, parsemez de coriandre, de gingembre et de beurre coupé en petites parcelles. Couvrez d'une feuille d'aluminium et faites cuire 45 mn au four. Les endives doivent être confites et très tendres.

Retirez la feuille d'aluminium et passez le plat quelques instants sous le gril pour obtenir une belle coloration. Servez aussitôt. •

au cœur **des épices**

La saveur de la coriandre, quand les graines éclatent sous la dent, se marie parfaitement à l'endive. Même les enfants adorent cette préparation. Vous pouvez aussi faire cuire les endives la veille et les poêler avec une noix de beurre au moment de les servir.

accompagnement

Les viandes blanches et les poissons – et pourquoi pas en plat principal pour les vrais gourmands de légumes !

Pomme de terre écrasée à la fève tonka

Pour 4 personnes

Préparation : 15 mn
Cuisson : 15 mn
Réfrigération : 12 h

- 500 g de pommes de terre (belle de Fontenay ou charlotte)
- 1 fève tonka (ou, à défaut, 1 noix de muscade)
- 1 cuil. à soupe d'huile d'olive
- 1 cuil. à soupe d'huile d'arachide
- sel

Lavez et brossez les pommes de terre, faites-les cuire à l'eau salée en robe des champs. Contrôlez la cuisson en piquant une pomme de terre avec la pointe d'un couteau : elle ne doit pas être trop cuite. Réservez les pommes de terre 12 h au réfrigérateur (la fécule va alors se relâcher, ce qui évitera aux pommes de terre de devenir collantes une fois écrasées).

Le lendemain, épluchez les pommes de terre et écrasez-les avec une fourchette dans une casserole à fond épais. Râpez un peu de fève tonka avec une râpe à muscade, puis incorporez les deux huiles au mélange et encore un peu de fève tonka râpée. Salez légèrement et faites chauffer doucement en remuant fréquemment afin que la purée n'attache pas. Rectifiez la saveur en fève tonka si vous souhaitez un goût plus fort.

Attention ! il est préférable d'ajouter la fève tonka en plusieurs fois en goûtant à chaque mélange car il s'agit d'une épice puissante qui devient désagréable quand elle est surdosée.

au cœur des épices

La fève tonka possède une saveur unique et incomparable qui se marie avec de nombreuses préparations. Elle étonnera vos invités à travers ces simples pommes de terre.

accompagnement

Toutes les préparations de poissons pochés.

Gratin de potiron à la graine d'aneth

Pour 4 personnes

Préparation : 20 mn
Cuisson : 20 mn

- 1 kg de potiron muscat
- 1 cuil. à soupe rase de graines d'aneth
- 50 cl de crème fraîche épaisse
- sel, poivre du moulin

Pelez le potiron, évidez-le pour le débarrasser de ses graines. Taillez-le verticalement en bandes de 3 cm de largeur, puis celles-ci en lamelles de 5 mm d'épaisseur.

Dans une petite casserole, portez à ébullition la crème fraîche et les graines d'aneth. Faites bouillir doucement environ 2 mn jusqu'à léger épaississement. Salez et poivrez.

Préchauffez le four à 180 °C (th. 5-6). Étalez les lamelles de potiron dans un plat à gratin en les tuilant, salez légèrement. Arrosez de la crème et faites cuire 20 mn au four. Contrôlez la cuisson avec la pointe d'un couteau : le gratin doit avoir une consistance tendre, comme celle d'une pomme de terre à l'eau. Servez aussitôt.

au cœur des épices

On connaît mieux la feuille d'aneth que sa graine, peu utilisée en France. La graine d'aneth est toutefois assez employée dans les cuisines d'Europe de l'Est et du Nord. Ici, elle apporte un parfum vif et frais qui souligne la saveur du potiron.

accompagnement

Le cochon, surtout en grillade ou en côtelette, se marie très bien avec le potiron.

Courgettes
à la crème d'épices

Pour 4 personnes

Préparation : 20 mn
Cuisson : 15 mn
Égouttage : 3 h

- 800 g de petites courgettes bien vertes et très fermes
- 1 petit oignon
- 1 gousse d'ail
- 1 morceau de gingembre pelé, de la grosseur d'une noix
- 1 cuil. à café de poudre de cari
- 20 cl de crème liquide
- 1 cuil. à soupe d'huile d'olive
- gros sel, sel fin

au cœur **des épices**

La quantité de cari utilisée est fonction de la force de celui-ci. Vous pouvez faire cuire les courgettes la veille et les laisser égoutter toute la nuit : c'est en cela que réside le secret de la réussite. La crème d'épices, quant à elle, peut être utilisée pour d'autres légumes.

accompagnement

Toutes les préparations pochées se marient bien avec ce légume. Il faut toutefois éviter de le servir avec des plats en sauce.

Lavez et brossez légèrement les courgettes. Coupez les deux extrémités, puis coupez les courgettes en quatre dans la longueur et ensuite en bâtonnets de 3 cm de longueur.

Dans une grande casserole, portez de l'eau à ébullition avec une poignée de gros sel. Préparez un récipient d'eau très froide (ajoutez des glaçons si nécessaire). Faites cuire les courgettes 3 mn à gros bouillons et transférez-les dans l'eau froide avec une écumoire. Égouttez-les au moins 3 h dans une passoire.

Épluchez et hachez finement l'oignon, faites-le cuire doucement avec 1 cuillerée à soupe d'huile d'olive dans une grande casserole.

Râpez l'ail et le gingembre avec une râpe très fine. Mélangez-les avec l'oignon, ajoutez la poudre de cari et faites cuire 30 secondes sans coloration. Versez la crème et laissez frémir jusqu'à ce que la sauce épaississe. Mélangez cette sauce intimement avec les courgettes. Faites chauffer 1 mn, rectifiez l'assaisonnement en sel et servez.

Chou rouge aux pommes et au *garam masala*

Pour 6 à 8 personnes

Préparation : 15 mn
Cuisson : 1 h 10

- 1 chou rouge
- 4 pommes
- 1 cuil. à soupe rase de *garam masala*
- 10 cl de vinaigre
- 50 g de beurre
- 1 cuil. à café de cassonade
- sel fin

Pelez, évidez les pommes et coupez-les en fines lamelles. Coupez le chou en quatre, retirez la partie dure de la base. Retaillez chaque quart en trois, puis en lamelles de 2 cm d'épaisseur. Préchauffez le four à 180 °C (th. 5-6).

Dans un plat à gratin, faites fondre le beurre, ajoutez le chou rouge. Faites-le cuire doucement 5 mn, puis ajoutez les pommes et le *garam masala*. Laissez cuire encore 5 mn, ajoutez le vinaigre, la cassonade et 30 cl d'eau. Salez et couvrez d'une feuille d'aluminium. Faites cuire 30 mn au four.

Retirez le plat du four, mélangez la préparation et faites cuire encore 30 mn au four. Au terme de cette cuisson, contrôlez la tendreté du chou en le piquant avec la pointe d'un couteau ; si vous souhaitez une cuisson plus confite, ajoutez 10 cl d'eau et faites cuire encore 15 mn. Rectifiez l'assaisonnement et servez tiède.

au cœur **des épices**

Cette préparation relevée au *garam masala* peut se servir comme un chutney, en accompagnement, froid ou chaud.

accompagnement

Ce légume surprendra, car on peut le marier aussi bien avec un gibier qu'avec une viande blanche ou un poisson. Cette préparation peut se garder plusieurs jours au réfrigérateur.

Poêlée de chou-fleur aux graines de carvi

Pour 4 personnes

Préparation : 10 mn
Cuisson : 10 mn
Égouttage : 1 h

- 1 chou-fleur
- 1 cuil. à café de graines de carvi (ou de cumin)
- 30 g de beurre
- gros sel, sel fin

Détachez les bouquets du chou-fleur en gardant un peu de tige. Lavez les bouquets et égouttez-les.

Dans une grande casserole, portez à ébullition de l'eau additionnée de gros sel. Plongez-y le chou-fleur et faites-le cuire 4-5 mn en contrôlant la cuisson avec la pointe du couteau : il doit rester bien croquant. Plongez le chou-fleur dans de l'eau froide pour interrompre la cuisson et égouttez-le 1 h dans une passoire. Si vous n'avez pas le temps d'attendre, vous pouvez utiliser une essoreuse à salade en prenant soin de tourner le plus doucement possible.

Faites chauffer le beurre dans une poêle. Quand il est fondu, ajoutez le chou-fleur et le carvi. Faites dorer le chou-fleur, salez, et servez aussitôt. •

au cœur des épices

Le chou-fleur croquant et le carvi se marient très bien. Vous serez surpris par la simplicité de cette recette et par sa saveur.

accompagnement

Le veau, le porc, le poulet et toutes autres volailles – et pour les amateurs de légumes, tout seul dans une grande assiette !

Radis blanc *daikon* sauté

au poivre du Sichuan

Pour 4 personnes

Préparation : 20 mn
Cuisson : 15 mn

- 1 kg de radis blanc *daikon* (ou, à défaut, de navets)
- 2 cuil. à café de poivre du Sichuan (très finement moulu dans un moulin à poivre)
- 2 cuil. à soupe de miel
- 5 cl d'huile d'arachide
- 20 g de beurre
- sel fin

Épluchez le radis blanc à l'aide d'un couteau économe. Lavez-le et coupez-le en rondelles de 1 cm d'épaisseur.

Portez à ébullition de l'eau dans une casserole et plongez-y le radis blanc. Faites-le cuire 5 mn, égouttez-le.

Dans une poêle, faites chauffer 2,5 cl d'huile et faites-y sauter la moitié des rondelles de radis jusqu'à obtenir une légère coloration. Ajoutez 1 cuillerée à soupe de miel, le beurre et 1 cuillerée à café de poivre du Sichuan. Faites légèrement caraméliser en remuant fréquemment. Salez, puis renouvelez l'opération avec la moitié restante des ingrédients.

au cœur **des épices**

Le *daikon* japonais est un long radis blanc souvent servi cru, râpé en longs filaments, avec les sushi et les sashimi, ou cuit dans les bouillons et les soupes. Pour cette préparation, vous pouvez également le tailler en dés de 1 cm de côté et le faire sauter directement, sans le blanchir. Procédez selon la suite de la recette. La saveur citronnée et mentholée du poivre du Sichuan relève ce légume à forte teneur en eau.

accompagnement

Cette garniture accompagne très bien le canard rôti, le pigeon, l'oie, ainsi que le cochon (filet mignon) et les gibiers.

Purée de patate douce au gingembre

Pour 5 à 6 personnes

Préparation : 35 mn
Cuisson : 20 mn

- 1 kg de patates douces
- 2 citrons
- 100 g de gingembre confit
- 10 cl d'huile d'olive
- 4 cuil. à soupe de crème fraîche épaisse
- sel fin

Pelez et lavez les patates douces. Coupez-les en dés ou en rondelles. Arrosez-les du jus de 1 citron et mélangez bien, puis faites cuire 20 mn à la vapeur.

Dans une casserole, couvrez le second citron d'eau froide, portez à ébullition et faites blanchir 5 mn. Jetez l'eau et renouvelez l'opération trois fois. Retirez le citron, laissez-le tiédir, puis hachez-le en petits morceaux.

Taillez le gingembre confit en dés très fins. Rincez-les et égouttez-les.

Passez les patates douces au presse-purée. Mélangez l'huile d'olive et la crème fraîche, puis incorporez-les à la purée. Ajoutez le citron et le gingembre hachés, salez. •

au cœur des épices

Si vous préparez cette purée la veille, elle n'en sera que meilleure : le gingembre diffusera son arôme poivré avec un peu plus de force. Il faudra alors la faire réchauffer 10 mn à couvert, au four à micro-ondes. Vous pouvez aussi la servir froide, en condiment pour un poisson poché.

accompagnement

Cette purée fait merveille avec le gibier, le canard, ou encore la joue de bœuf.

Huile d'olive au sumac

Préparation : 5 mn
Infusion : 24 h

- 25 cl d'huile d'olive
- 1 cuil. à soupe de sumac en poudre
- sel fin

Mélangez tous les ingrédients et laissez infuser 24 h. Versez l'huile dans une bouteille de 50 cl : il sera plus facile de la secouer pour mélanger le sumac qui se dépose rapidement au fond du récipient. •

conseils **d'utilisation**

Cette huile convient parfaitement avec les poissons pochés ou une salade de légumes.

Vinaigrette au ras el-hanout

Préparation : 5 mn

- 50 cl d'huile d'arachide
- 8 cl de vinaigre balsamique
- 1 cuil. à soupe rase de ras el-hanout
- sel fin

Réunissez tous les ingrédients dans un saladier. Fouettez pour bien amalgamer l'ensemble et versez-le dans une bouteille de 50 cl. •

conseils **d'utilisation**

Cette vinaigrette peut également servir de sauce si on la fait tiédir. Sur un magret de canard ou un foie de veau, elle fait merveille. Froide, on peut l'utiliser comme assaisonnement de salade (coquilles Saint-Jacques, crevettes, homard, etc.).

Huile d'olive au jus de gingembre

Préparation : 5 mn

- 50 cl d'huile d'olive
- 300 g de gingembre frais
- sel fin

Râpez le gingembre avec une râpe à gruyère et pressez la pulpe dans votre main pour en extraire le jus (vous devez obtenir environ 10 cl). Passez ce jus à travers une passoire fine.

Ajoutez l'huile d'olive et salez. Versez l'ensemble dans une bouteille de 50 cl. Agitez la bouteille avant chaque utilisation. Conservez au froid.

conseils **d'utilisation**

Cet assaisonnement est particulièrement délicieux avec l'avocat. Il se marie bien avec les poissons pochés et les salades de légumes.

Huile d'olive aux épices anisées

Préparation : 5 mn
Infusion : 4 à 5 h

- 50 cl d'huile olive
- 2 citrons
- 2 couronnes d'anis étoilé
- 1 cuil. à soupe de graines de fenouil
- 1 cuil. à soupe de graines de cumin
- sel fin

Faites tiédir doucement l'huile avec toutes les épices et laissez infuser 4 à 5 h sur le coin du fourneau. Pressez les citrons et ajoutez l'huile infusée, salez. Passez le tout à travers une passoire fine et réservez dans une bouteille de 50 cl.

conseils **d'utilisation**

Tous les poissons se marient bien avec cet assaisonnement. Essayez également sur des pâtes fraîches ou sur des pommes de terre en robe des champs.

Vinaigrette à la citronnelle

Préparation : 5 mn

- 50 cl d'huile d'olive
- 1 tige de citronnelle fraîche
- le jus de 2 citrons
- sel fin

Réunissez dans le bol d'un mixeur l'huile d'olive, le jus de citron, un peu de sel et le bulbe charnu (4 cm) de la tige de citronnelle.

Broyez 30 secondes. Passez à travers une passoire fine et versez le tout dans une bouteille de 50 cl. Conservez au frais.

conseils **d'utilisation**

Cet assaisonnement s'utilise avec des produits hauts en goût comme l'artichaut, le fenouil, les poireaux. Les poissons au four sont également de bons compagnons pour la saveur de la citronnelle.

Vinaigrette au cari et à la betterave rouge

Préparation 5 mn

- 50 g de betterave rouge cuite et pelée
- 30 cl d'huile d'arachide
- 10 cl de vinaigre de jerez
- 1 cuil. à café rase de poudre de cari
- sel fin

Versez tous les ingrédients dans le bol d'un mixeur et broyez 15 secondes. Goûtez, salez et broyez 2 secondes. Passez à travers une passoire fine et réservez dans une bouteille de 50 cl.

conseils **d'utilisation**

Les salades de gibier, les terrines, ou encore les crustacés.

Assaisonnement aux épices pour salade

Préparation : 5 mn

- 1 cuil. à soupe rase de graines de moutarde
- 1 cuil. à soupe rase de graines de coriandre
- 1 cuil. à café rase de graines de fenugrec
- 1 cuil. à soupe de moutarde forte de Dijon
- 30 cl d'huile de noix
- 15 cl de vinaigre de jerez
- sel fin, poivre du moulin

Réunissez toutes les graines d'épices dans une casserole remplie à moitié d'eau. Faites bouillir 3 mn. Égouttez.

Dans une jatte, fouettez la moutarde avec les épices égouttées. Salez, versez le vinaigre petit à petit, puis l'huile de noix, doucement, en fouettant. Rectifiez l'assaisonnement. Versez dans une bouteille de 50 cl.

conseils d'utilisation

J'aime utiliser cette vinaigrette avec des pommes de terre tièdes, et de façon générale avec les légumes tièdes en salade.

Huile infusée à la vanille

Préparation : 5 mn
Infusion : 1 h

- 30 cl d'huile d'arachide
- 1 citron
- 1 gousse de vanille
- sel fin

Coupez en deux la gousse de vanille dans le sens de la longueur et grattez les graines à l'aide d'un couteau. Jetez-les dans l'huile et faites tiédir légèrement 1 mn (surtout ne faites pas bouillir). Laissez infuser 1 h.

Quand l'huile est revenue à température ambiante, salez et ajoutez le jus de citron. Mélangez bien et gardez dans une petite bouteille.

conseils d'utilisation

J'associe cet assaisonnement à des salades douces (mâche, pourpier, romaine), ainsi qu'à des noix de Saint-Jacques ou une viande blanche froide.

Condiment de poivron rouge, pomme, poire et cumin

Pour un pot de 1 kg
Préparation : 30 mn
Cuisson : 6 mn

- 500 g de poivrons rouges
- 1 poire ferme
- 1 pomme (granny smith)
- 1 rhizome de gingembre
- 1 cuil. à café de cumin
- 1 cuil. à soupe de sucre
- 2 cuil. à soupe de vinaigre blanc
- sel fin

Pelez les poivrons rouges avec un couteau économe. Coupez-les en deux, éliminez les pépins et les parties blanches. Taillez la chair en petits dés. Dans une casserole, couvrez-les d'eau, faites bouillir 1 mn et réservez.

Pelez et râpez le gingembre. Épluchez et épépinez la pomme et la poire, coupez-les en dés.

Dans une sauteuse, réunissez le vinaigre, le cumin, le gingembre, le sucre et 4 cuillerées à soupe d'eau. Faites bouillir 30 secondes et ajoutez les poivrons égouttés ainsi que les fruits taillés en dés. Faites cuire 5 mn sur feu doux, salez, et versez l'ensemble dans un bocal. Laissez refroidir sans couvrir, puis fermez le bocal et conservez au froid.

conseils d'utilisation

Ce condiment complète bien les poissons, qu'ils soient pochés ou grillés. Le porc est également un bon support pour cette préparation.

Condiment de patate douce, pavot et gingembre

Pour un pot de 1 kg
Préparation : 30 mn
Cuisson : 10 mn

- 500 g de patates douces
- 2 citrons verts
- 100 g de gingembre confit
- 1 cuil. à soupe rase de graines de pavot
- 10 cl d'huile d'olive
- sel fin

Prélevez le zeste des citrons verts avec un couteau économe. Taillez-le en julienne puis en très petits dés. Couvrez d'eau et portez à ébullition. Filtrez à travers une passoire fine en récupérant les dés de citron et renouvelez l'opération deux fois. Hachez très finement le gingembre. Pressez un des citrons verts.

Épluchez les patates douces, lavez-les et coupez-les en gros dés. Faites-les cuire à la vapeur 10 mn environ en contrôlant la cuisson avec la pointe d'un couteau. Quand elles sont cuites, écrasez-les dans un saladier avec une fourchette. Ajoutez l'huile d'olive, le zeste des citrons verts, les graines de pavot, le gingembre et le jus de citron vert. Salez. Garnissez le pot en tassant bien pour évacuer l'air. Réservez au réfrigérateur.

conseils d'utilisation

Ce condiment se marie bien avec les crustacés mais aussi avec les viandes blanches. Il se conserve très bien au froid.

Mayonnaise à l'huile de sésame grillé

Préparation : 10 mn

- 2 jaunes d'œufs
- 15 cl d'huile d'arachide
- 15 cl d'huile de sésame grillé
- 1 cuil. à soupe de moutarde de Dijon
- 1 cuil. à soupe de vinaigre de vin blanc
- sel fin

Dans une jatte, réunissez les jaunes d'œufs, la moutarde et 1 pincée de sel. Fouettez 15 secondes. Ajoutez les huiles tout doucement, sans cesser de fouetter (ne versez pas trop rapidement, ce qui ferait tourner la mayonnaise). Ajoutez le vinaigre et fouettez. Réservez au frais.

conseils **d'utilisation**

Servez cette mayonnaise avec un poisson froid (thon, maquereau, merlu…).

Condiment d'artichaut et de citron confit au cari

Pour un pot de 1 kg
Préparation : 30 mn
Cuisson : 50 mn

- 4 artichauts macau
- 2 citrons jaunes
- 1 oignon
- 1 morceau de gingembre de la grosseur d'une noix
- 1 cuil. à café de cari
- 1 cuil. à soupe d'huile d'olive
- 1 cuil. à soupe de vinaigre blanc
- sel fin, gros sel

Pressez un des citrons. Faites cuire les artichauts entiers 45 mn dans une casserole d'eau avec 1 cuillerée à soupe de gros sel et le jus de citron. Égouttez-les, feuilles en bas, dans une passoire.

Épluchez et râpez le gingembre. Épluchez et hachez finement l'oignon. Faites chauffer l'huile d'olive dans une casserole, faites-y fondre doucement l'oignon haché et ajoutez le gingembre et le cari. Faites cuire 15 secondes.

Coupez en deux le second citron. Dans une casserole, couvrez-le d'eau froide et faites bouillir 2 mn. Jetez l'eau et renouvelez l'opération deux fois. Coupez le citron en très petits dés et ajoutez ceux-ci au mélange d'épices.

Retirez les feuilles et le foin des artichauts pour ne garder que les fonds. Coupez-les en très petits dés et ajoutez-les à la préparation précédente. Laissez cuire le tout 5 mn sur feu doux. Ajoutez le vinaigre et salez. Versez la préparation dans un bocal, laissez refroidir et couvrez hermétiquement. Conservez au réfrigérateur. •

conseils **d'utilisation**

Ce condiment aux saveurs relevées réclame agneau, canard, ou poissons braisés au vin blanc.

Asperges vertes aux épices façon « cornichon »

Pour un bocal de 50 cl
Préparation : 25 mn
Macération : 1 mois

- 250 g d'asperges vertes fines
- 1 cuil. à soupe de graines de coriandre
- 1 cuil. à soupe de poivre du Sichuan entier
- 40 cl de vinaigre de riz
- 1 cuil. à soupe de sucre en poudre
- 1 cuil. à café de gros sel

Lavez et séchez soigneusement les asperges. Coupez les pointes à environ 4 cm, et la tige en tronçons de 2 cm en éliminant les 5 cm inférieurs qui sont trop durs. Déposez les épices dans le bocal, puis rangez-y les asperges.

Faites bouillir le vinaigre avec le sel et le sucre. Versez-le bouillant sur le contenu du bocal. Fermez immédiatement. Laissez macérer 1 mois avant de consommer.

conseils d'utilisation

Un condiment insolite, parfumé et délicieux, qui accompagnera vos viandes froides avec bonheur. Si vous ne trouvez pas les épices conseillées pour cette recette, vous pouvez les remplacer par d'autres de votre choix.

les desserts

Cari de figues aux pommes vertes

Pour 4 personnes

Préparation : 20 mn
Cuisson : 8 mn

- 16 belles figues
- 4 pommes (granny smith)
- 1/2 citron
- 1/2 cuil. à café de graines de fenouil
- 1 cuil. à café de cari
- 100 g de sucre
- 100 g de crème fraîche épaisse

Épluchez délicatement les figues avec la pointe d'un couteau. Ne pelez pas les pommes mais coupez-les en six. Évidez-les, puis mixez-les avec le jus de citron.

Dans une casserole ou un faitout assez grand pour contenir les figues par la suite sans qu'elles se superposent, versez le sucre et 2 cuillerées à soupe d'eau, mélangez et faites cuire doucement jusqu'à l'obtention d'un caramel blond.

Passez au chinois la pulpe de pomme sur le caramel. Pressez fortement pour extraire le maximum de jus. Ajoutez les graines de fenouil et le cari. Dès la première ébullition, ajoutez les figues bien disposées dans le fond de la casserole, couvrez et faites cuire 7 à 8 mn, selon leur grosseur. Laissez-les refroidir dans leur jus.

Répartissez les figues dans quatre assiettes creuses. Incorporez la crème fraîche au jus et nappez-en les figues.

au cœur **des épices**

C'est un dessert que l'on sert tiède mais qui peut également se présenter froid. La figue, qui est à la fois un fruit et un légume, se marie très bien avec le cari.

le conseil **vin**

Un muscat de Corse ou de Beaumes-de-Venise.

Blanc-manger à la noix de coco et au poivre long

Pour 6 personnes

Préparation : 20 mn
Cuisson : 10 mn
Réfrigération : 2 à 3 h

- 50 cl de lait
- 50 cl de crème liquide
- 125 g de sucre en poudre
- 150 g de noix de coco râpée
- 1/2 cuil. à café rase de poivre long (moulu dans un moulin à poivre ; ou, à défaut, de noix de muscade)
- 5 feuilles de gélatine
- un peu de cassonade (facultatif)

Faites chauffer le lait avec la noix de coco. Laissez gonfler 10 mn à couvert hors du feu. Fouettez la crème liquide avec le sucre jusqu'à ce qu'elle soit ferme. Réservez au froid. Faites tremper les feuilles de gélatine dans de l'eau froide pour les ramollir.

Mixez 1 mn le lait et la noix de coco. À travers une passoire, pressez le mélange pour extraire le maximum de lait de coco. Alors que le lait est encore tiède, incorporez au fouet les feuilles de gélatine égouttées et remuez bien pour les dissoudre. Laissez refroidir. Lorsque le lait de coco est presque froid, incorporez délicatement, à l'aide d'une spatule en plastique, la crème fouettée et le poivre long.

Répartissez la préparation dans des récipients ou dans des verres à bord épais. Réservez 2 à 3 h au réfrigérateur. Servez tel quel, ou parsemé de cassonade et doré sous le gril du four (attention, il faut que le récipient supporte cette chaleur), ou encore parsemé d'un peu de noix de coco râpée.

au cœur **des épices**

Voilà une version exotique de notre traditionnel blanc-manger à l'amande. C'est un dessert frais et léger pour les belles journées d'été. La saveur poivrée et vanillée du poivre long fait merveille avec les préparations sucrées.

le conseil **vin**

Un gewurztraminer dans une année pas trop riche ou une clairette de Die.

Reine de Saba aux épices

Pour 6 à 8 personnes

Préparation : 30 mn
Cuisson : 30 mn
Réfrigération : 2 h

- 200 g de chocolat noir
- 50 g de cacao en poudre
- 4 œufs
- 1/2 cuil. à café de cannelle en poudre
- 1 cuil. à café de coriandre en poudre
- 2 cuil. à café de graines de sésame blond
- 2 clous de girofle
- 100 g d'amandes hachées
- 100 g de noix hachées
- 100 g de noisettes hachées
- 150 g d'abricots secs hachés
- 150 g de sucre
- 100 g de beurre + 20 g pour le moule
- 150 g de farine + 50 g pour le moule
- 1/2 sachet de levure chimique
- 10 cl de crème liquide
- 10 cl de lait

au cœur **des épices**

Le chocolat noir se marie très bien avec les épices. Vous pouvez essayer d'autres saveurs, vous serez surpris du résultat.

le conseil **vin**

Un banyuls, un maury ou un rivesaltes.

Faites bouillir 1 mn 20 cl d'eau avec 100 g de sucre et les clous de girofle pour obtenir un sirop. Réservez.

Mélangez les fruits secs. Mélangez à part 150 g de farine, le cacao en poudre et le demi-sachet de levure. Faites fondre 100 g de beurre et réservez. Préchauffez le four à 160 °C (th. 4-5).

Cassez les œufs dans un saladier, fouettez quelques instants. Incorporez le reste du sucre et fouettez jusqu'à l'obtention d'une mousse ferme. Ajoutez les fruits secs, le mélange farine-cacao, le beurre fondu et les épices. Mélangez le tout soigneusement avec une spatule.

Beurrez et farinez un moule de 25 cm de diamètre. Versez-y le mélange et faites cuire 30 mn au four.

À la sortie du four, arrosez le gâteau avec le sirop sans le démouler. Laissez refroidir complètement, puis démoulez sur un plateau.

Concassez le chocolat noir, réservez-le dans un bol. Portez à ébullition la crème liquide et le lait ; versez l'ensemble sur le chocolat. Mélangez au fouet pour bien lisser et réservez au froid. Une fois que le chocolat a épaissi, nappez-en le gâteau. Laissez reposer 2 h au froid.

Il est préférable de le sortir du réfrigérateur 1 h avant de servir.

Fondant de pommes au gingembre

Pour 6 personnes

Préparation : 25 mn
Cuisson : 45 mn
Réfrigération : 12 h

- 3 kg de bonnes pommes (cox orange, reinette du Canada, clochard)
- 100 g de gingembre jeune ou 70 g de gingembre confit
- 5 œufs
- 150 g de beurre
- 150 g de sucre
- 8 feuilles de gélatine

Mettez les feuilles de gélatine à ramollir dans de l'eau froide. Pelez et évidez les pommes, coupez-les en fines lamelles. Dans une grande casserole, faites compoter les pommes avec le sucre. Mélangez au fouet pour lisser la purée. Râpez le gingembre, si vous utilisez du gingembre jeune, et ajoutez-le à la compote. Si vous utilisez du gingembre confit, hachez-le finement avant de l'ajouter.

Préchauffez le four à 180 °C (th. 5-6).

Hors du feu, incorporez à la purée, à l'aide d'un fouet, le beurre coupé en petits morceaux, les œufs un par un, ainsi que les feuilles de gélatine égouttées. Fouettez pour homogénéiser la préparation (vous pouvez utiliser un robot cutter). Garnissez de film alimentaire le fond d'un moule à manqué de 30 cm de diamètre et 5 cm de hauteur. Versez-y la compote. Mettez le moule au four, au bain-marie, et faites cuire 45 mn. L'épaisseur du gâteau ne doit pas être supérieure à 3 cm, sinon vous aurez des difficultés pour le servir. Laissez refroidir et réservez une nuit au réfrigérateur.

Démoulez le gâteau en le retournant sur un plat, puis retirez le film alimentaire. On peut accompagner ce dessert d'un caramel liquide ou d'une crème anglaise.

au cœur des épices

C'est un dessert très fondant où la texture de la pomme est renforcée par le parfum du gingembre.

le conseil vin

Un coteaux-de-l'aubance ou un vouvray moelleux.

Soupe de framboises au thé fumé et à la noix de muscade

Pour 4 personnes

Préparation : 20 mn
Cuisson : 5 mn

- 400 g de framboises
- 3 cuil. à soupe de thé fumé (gengis-khan, tarry souchong)
- 1 pincée de noix de muscade râpée
- 8 jaunes d'œufs
- 50 cl de lait
- 20 cl de crème liquide
- 200 g de sucre

Mélangez dans un saladier les jaunes d'œufs et le sucre et fouettez jusqu'à ce que la préparation blanchisse.

Dans une casserole, couvrez le thé de 4 cuillerées à soupe d'eau et portez à ébullition. Ajoutez le lait et portez de nouveau à ébullition. Retirez du feu et couvrez la casserole. Laissez infuser 10 mn.

Fouettez la crème liquide jusqu'à ce qu'elle soit ferme, ajoutez 1 pincée de noix de muscade. Réservez au froid.

Portez de nouveau le lait à ébullition et passez-le au chinois au-dessus des jaunes en fouettant vigoureusement. Versez le mélange dans la casserole et remuez 10 secondes sur feu doux avec une spatule en bois, le temps que la crème nappe la spatule. Débarrassez dans un saladier et remuez 1 mn avec la spatule. Réservez au froid.

Une fois la crème refroidie, incorporez-y délicatement la crème fouettée. Répartissez les framboises dans des assiettes creuses et nappez de crème au thé.

au cœur **des épices**

Les thés fumés de Chine font merveille dans ce genre de dessert. Ils parfument la sauce et lui donnent un arôme rafraîchissant. Pour moi, ces thés sont une épice à part entière.

le conseil **vin**

Un champagne, un rivesaltes ou, bien évidemment, un bon thé de Chine.

Crème brûlée au carvi

Pour 10 personnes environ

Préparation : 20 mn
Cuisson : 40 mn
Réfrigération : 1 h

- 8 jaunes d'œufs
- 70 cl de crème liquide
- 40 cl de lait
- 2 cuil. à soupe de carvi
- 150 g de sucre
- 50 g de cassonade

Sur feu très doux, faites infuser 20 mn 30 cl de lait avec le carvi en gardant la température du liquide proche de l'ébullition.

Mélangez les jaunes d'œufs et le sucre jusqu'à ce que l'ensemble blanchisse légèrement, ajoutez la crème liquide, mélangez bien. Laissez reposer 30 mn au froid.

Préchauffez le four à 100 °C (th. 1-2). Mixez le lait avec le carvi, complétez avec un peu de lait frais pour obtenir un volume de 30 cl. Passez le lait à travers une petite passoire pour récupérer le carvi broyé. Mélangez-en 1 cuillerée avec le mélange crème-jaunes, puis ajoutez le lait. Fouettez pour homogénéiser l'ensemble.

Versez cette préparation dans 10 ramequins à crème brûlée (plats à œufs) sur 1 cm de hauteur. Répartissez le reste de carvi broyé dans chaque ramequin et faites cuire 30 à 40 mn au four, au bain-marie : la crème ne doit plus être liquide mais doit avoir gardé une consistance tremblotante. Si votre four est trop petit pour contenir tous les ramequins, procédez en plusieurs fois. Réservez au froid 1 h environ.

Parsemez les crèmes de cassonade et caramélisez au chalumeau ou sous le gril du four (dans ce dernier cas, attention : il faut surveiller attentivement la caramélisation).

au cœur **des épices**

Un parfum peu courant et pourtant très séduisant. Il faut utiliser des graines achetées récemment pour profiter du maximum de saveur.

le conseil **vin**

Un vouvray pétillant, pour la vivacité du cépage chenin contrastant avec la douceur de la crème.

Poires pochées au tapioca d'épices

Pour 4 personnes

Préparation : 20 mn
Cuisson : 50 mn

- 4 poires (doyenné du Comice ou autre variété de bonne qualité)
- 1 orange non traitée
- 1 clou de girofle
- 6 graines de coriandre
- 6 grains de poivre
- 1 bâton de cannelle
- 2 cuil. à soupe de tapioca « perlé » (perles du Japon)
- 1 litre de vin rouge
- 200 g de sucre
- 1 cuil. à soupe de crème liquide
- un peu de lait (facultatif)

au cœur des épices

Choisissez pour cette recette des perles du Japon, les plus petites billes que vous puissiez trouver. On les achète dans les boutiques asiatiques. Ce tapioca est couramment utilisé en Asie dans de nombreux desserts. En Malaisie, on peut acheter dans la rue un dessert à base de tapioca servi avec du lait de coco et du sucre de palme. Un délice ! Dans ma recette, les épices côtoient le vin pour créer une saveur chaude.

le conseil vin

Un vouvray pétillant du domaine Champalou, ou un vin rouge moelleux.

Épluchez et évidez les poires à l'aide d'un couteau économe sans ôter le pédoncule. Rangez-les dans une casserole où elles pourront tenir debout, serrées. Ajoutez les épices, le vin rouge, le sucre et l'orange non pelée, coupée en rondelles. Faites cuire à couvert, sur feu moyen, 30 mn ou plus selon la fermeté des poires. Contrôlez la cuisson avec la pointe d'un couteau : elle doit s'enfoncer sans trop de résistance.

Débarrassez les poires dans un plat creux. Filtrez le vin à travers une passoire au-dessus de la casserole de cuisson et faites chauffer. À ébullition, versez le tapioca en pluie et fouettez. Faites cuire doucement 15 mn à découvert. À mi-cuisson, ajoutez 1/2 verre d'eau pour détendre un peu la sauce. Il faut remuer souvent pour éviter que la sauce n'attache au fond. Les billes de tapioca sont cuites quand elles sont complètement transparentes.

Versez la crème liquide. Si la sauce est trop épaisse, détendez-la avec un peu de lait. Laissez tiédir la sauce, nappez-en les poires et servez.

On peut également servir ce dessert froid. Il faudra alors sans doute détendre la sauce qui aura épaissi.

Gâteau de bananes au gingembre confit

Pour 6 personnes

Préparation : 25 mn
Cuisson : 1 h 15

- 5 bananes
- 100 g de gingembre confit
- 4 œufs
- 10 cl de lait
- 250 g de beurre en pommade + 30 g pour le moule
- 250 g de sucre
- 400 g de farine + 30 g pour le moule
- 20 g de levure chimique

Pelez les bananes. Hachez finement le gingembre confit. Broyez les bananes au robot cutter ou avec un presse-purée pour obtenir une purée lisse. Préchauffez le four à 160 °C (th. 4-5).

Incorporez la farine, la levure et le gingembre aux bananes écrasées. Dans une jatte, mélangez à l'aide d'un fouet le beurre en pommade et le sucre. Ajoutez les œufs un par un en battant entre chaque ajout. Mélangez les deux préparations, toujours à l'aide du fouet, et incorporez doucement le lait.

Beurrez et farinez un grand moule à cake, remplissez-le aux deux tiers. Faites cuire 1 h 15 au four. Laissez refroidir presque complètement avant de démouler. Réservez le gâteau au froid et servez-le en tranches de 1 cm d'épaisseur.

au cœur **des épices**

C'est une recette que j'ai rapportée d'Asie et dont raffolaient les autochtones. Le goût de la banane et celui du gingembre sont presque complémentaires.

le conseil **vin**

Pour ceux qui réussissent à être raisonnables un thé vert, et pour ceux qui le sont moins, un coteaux-du-layon.

Compote d'abricots à la vanille et au poivre long

Pour 4 personnes

Préparation : 10 mn
Cuisson : 10 mn
Macération : 30 mn
Réfrigération : 12 h

- 25 abricots (bergeron) mûrs
- le jus de 1 citron
- 3 gousses de vanille
- 5 gousses de poivre long indonésien (ou, à défaut, 1 tour de moulin à poivre)
- 100 g de sucre

Coupez les abricots en deux et dénoyautez-les. Mettez-les dans une casserole avec le sucre, ajoutez le jus du citron, laissez macérer 30 mn.

Fendez les gousses de vanille en deux, grattez les graines et mélangez-les aux abricots. Ajoutez les gousses de poivre long coupées en morceaux de 1 cm de longueur. Faites cuire doucement 8 à 10 mn à couvert, en remuant délicatement pour ne pas abîmer les abricots.

Débarrassez dans un récipient et réservez au froid. Servez le lendemain, lorsque la vanille et le poivre long ont bien parfumé les abricots.

au cœur **des épices**

En été, lorsque les abricots sont bien mûrs, la vanille allie sa finesse à l'onctuosité du fruit. C'est un dessert à servir bien frais. Le poivre long est une épice au parfum complexe : si l'on n'écrase pas la gousse, elle ne révèle pas son côté brûlant, ce qui permet de l'utiliser dans des préparations sucrées.

le conseil **vin**

Un sauternes, car l'acidité de l'abricot contrebalancera le gras des raisins botrytisés.

Gâteau coulant au chocolat, muscade et vanille

Pour 6 à 8 personnes

Préparation : 30 mn
Cuisson : 6 mn

- 250 g de chocolat noir à 70 % de cacao
- 50 g de noisettes hachées
- 1/2 cuil. à café de noix de muscade fraîchement râpée
- 1 gousse de vanille
- 1 œuf entier + 2 jaunes
- 100 g de beurre + 20 g pour les ramequins
- 50 g de sucre
- 20 g de farine + 20 g pour les ramequins

Préchauffez le four à 180 °C (th. 5-6). Faites fondre le chocolat au four à micro-ondes ou au bain-marie. Incorporez au fouet le beurre coupé en morceaux et lissez bien.

Fendez la gousse de vanille à l'aide d'un petit couteau tranchant ; raclez l'intérieur pour libérer les graines et ajoutez-les au chocolat fondu, ainsi que la noix de muscade râpée.

Dans une casserole, versez de l'eau à mi-hauteur et portez à frémissement.

Dans un saladier ou un dans cul-de-poule, fouettez 30 secondes l'œuf entier, les jaunes et le sucre. Posez le récipient sur la casserole d'eau frémissante et fouettez encore 30 secondes. Retirez du feu et fouettez 30 secondes.

Versez sur le chocolat fondu la farine en pluie, les noisettes et le mélange œufs-sucre. Mélangez doucement l'ensemble.

Beurrez et farinez huit ramequins. Emplissez-les du mélange et mettez au four. Faites cuire 6 mn. Servez aussitôt.

au cœur **des épices**

Le chocolat tiède et coulant est vraiment le sommet de la gourmandise. La pointe de muscade lui donne un côté insolite.

le conseil **vin**

Un banyuls, un maury ou un rivesaltes.

Quenelles de chocolat au jasmin

Pour 5 personnes

Préparation : 20 mn
Cuisson : 5 mn
Réfrigération : 6 h

- 600 g de chocolat noir
- 10 g de thé au jasmin
- 3 jaunes d'œufs
- 50 cl de lait
- 50 cl de crème fraîche
- 50 g de sucre semoule

Concassez le chocolat en menus morceaux. Dans un saladier, mélangez le sucre aux jaunes d'œufs, fouettez jusqu'à ce que le mélange blanchisse.

Dans une casserole, portez à ébullition le lait avec la crème et le thé, couvrez et laissez infuser 5 mn. Faites chauffer à nouveau jusqu'à ébullition.

Versez cette crème sur les jaunes à travers une passoire fine en remuant bien. Pressez les feuilles de thé avec une cuillère pour extraire le maximum d'arômes. Mélangez bien au fouet. Ajoutez le chocolat en tournant jusqu'à ce que la préparation soit lisse. Laissez refroidir 6 h au réfrigérateur.

Lorsque la préparation est prise, trempez une cuillère à soupe dans de l'eau très chaude et grattez le chocolat jusqu'à obtenir une quenelle. Trempez la cuillère dans l'eau entre chaque quenelle. (Vous pouvez également utiliser une cuillère à glace.)

Accompagnez ce dessert d'une crème anglaise à la vanille ou au thé. La consistance des quenelles peut être différente en fonction du chocolat employé. Si le résultat est trop mou, ajoutez 50 g de chocolat.

au cœur **des épices**

Le chocolat et le jasmin (qui joue ici le rôle d'une épice) ont une longueur en bouche étonnante, et leur alliance donne un résultat somptueux. La présence de lait évite à la préparation d'être trop riche.

le conseil **vin**

Un banyuls ou un maury.

Tarte au potimarron et à la cannelle

Pour 8 personnes

Préparation : 15 mn
Cuisson : 1 h 15 mn
Repos : 2 h

- 800 g de potimarron pelé et épépiné
- 1 citron
- 50 g d'amandes hachées
- 1 cuil. à café de cannelle en poudre
- 2 œufs + 1 jaune
- 25 cl de crème fraîche
- 100 g de beurre
- 225 g de farine
- 100 g de cassonade
- sel

Passez la chair du potimarron 15 mn au micro-ondes dans un bac fermé. Égouttez.

Dans un grand saladier, mélangez du bout des doigts la farine, le jaune d'œuf, 1 pincée de sel et le beurre coupé en morceaux. Râpez le zeste du citron, pressez l'agrume et incorporez le tout à la pâte. Malaxez doucement jusqu'à l'obtention d'une boule ; enveloppez celle-ci dans un linge humide et réservez 2 h au froid.

Préchauffez le four à 180 °C (th. 5-6). Abaissez la pâte et garnissez-en un moule de 25 à 30 cm de diamètre. Réservez 10 mn au froid. Sortez le moule et piquez le fond à l'aide d'une fourchette avant de faire cuire 15 mn à four chaud.

Dans le bol d'un mixeur, réunissez la pulpe du potimarron, la crème fraîche, les œufs entiers, la cassonade et la cannelle. Mixez 15 secondes et versez dans le moule. Parsemez d'amandes hachées, remettez au four et faites cuire 45 mn. Cette tarte se sert à température ambiante.

au cœur **des épices**

Un grand classique d'outre-Atlantique, où l'emploi de la cannelle est souvent exubérant.

le conseil **vin**

Un muscat de Corse ou de Rivesaltes.

Ananas rôti au caramel d'épices

Pour 4 à 6 personnes

Préparation : 30 mn
Cuisson : 40 mn

- 1 ananas « par avion » bien mûr
- 8 gousses de poivre long (ou, à défaut, augmentez légèrement la quantité de gingembre)
- 10 g de gingembre
- 1 gousse de vanille
- 350 g de sucre

Coupez la base de l'ananas à l'aide d'un couteau-scie pour lui donner une bonne assise. Taillez la peau de haut en bas en tenant le fruit debout sur sa base : les « yeux » de l'ananas apparaissent alors, disposés en spirale. Incisez de chaque côté pour les extraire en suivant la forme spiralée.

Préchauffez le four à 200 °C (th. 6).

Taillez le gingembre en fines lamelles. Faites chauffer une casserole à fond épais, versez-y la moitié du sucre et, avec une spatule en bois, tournez jusqu'à ce qu'il prenne une belle couleur caramel. Ajoutez le reste du sucre en tournant jusqu'à ce qu'il soit complètement dissous et que le caramel soit bien lisse.

Baissez le feu au minimum et ajoutez 10 cl d'eau (attention aux éclaboussures brûlantes !). Mélangez bien et renouvelez l'opération trois fois. Quand le caramel est homogène, ajoutez le poivre long et les lamelles de gingembre. Faites cuire 5 mn sur feu doux. Hors du feu, ajoutez au caramel les graines de la gousse de vanille grattée.

Déposez l'ananas dans un plat à rôtir, arrosez-le du caramel et faites-le cuire 20 mn au four. Retournez le fruit, arrosez-le du caramel de cuisson et faites cuire encore 20 mn.

Présentez le fruit entier, ou découpez-le en tranches verticales que vous disposerez dans chaque assiette, nappées d'un peu de caramel et d'épices.

au cœur des épices

Les saveurs poivrées du gingembre et du poivre long, mises en relief par l'acidité du fruit, sont un véritable festival de saveurs.

le conseil vin

Un vouvray pétillant du domaine Champalou. L'acidité du chenin contrebalancera le sucré du caramel.

Tarte aux pommes, caramel à la coriandre

Pour 6 personnes

Préparation : 30 mn
Cuisson : 30 mn
Repos : 30 mn

- 500 g de pâte feuilletée
- 500 g de pommes
- 2 cuil. à soupe de graines de coriandre
- 50 g de beurre + 30 g pour le moule
- 100 g de sucre
- 30 g de farine pour le moule

Confectionnez le caramel : faites chauffer une petite casserole à fond épais, versez-y la moitié du sucre et tournez avec une spatule en bois jusqu'à l'apparition d'une coloration caramel. Versez alors l'autre moitié du sucre, tournez pour amalgamer et obtenir à nouveau une couleur caramel. Versez en une seule fois les graines de coriandre. Baissez le feu, mélangez bien les graines. Versez la totalité du caramel dans une assiette et laissez complètement refroidir.

Quand le caramel a durci, cassez-le en petits morceaux et mixez-le pour le réduire en une poudre très fine.

Épluchez les pommes, coupez-les en deux, évidez-les et coupez-les en fines lamelles. Beurrez et farinez un moule à tarte. Déposez la pâte feuilletée dans le moule, façonnez un bord bien droit afin que la pâte ne s'affaisse pas pendant la cuisson. Laissez reposer 30 mn au réfrigérateur.

Préchauffez le four à 180 °C (th. 5-6).

Disposez sur la tarte les lamelles de pomme en rosace. Poudrez la surface de caramel à la coriandre. Répartissez de petites parcelles de beurre sur la tarte et faites cuire au four 30 mn environ. Si la tarte n'est pas assez colorée, laissez-la cuire quelques minutes de plus. Dégustez tiède. •

au cœur **des épices**

La coriandre, associée au caramel, donne à la pomme un goût légèrement poivré. Si vous choisissez une pâte feuilletée fraîche ou congelée du commerce, déjà étalée, la recette en sera simplifiée.

le conseil **vin**

Le mauzac nature de chez Bernard Plageoles est une vraie merveille, mais vous pouvez choisir un muscat de Corse ou un bon champagne.

Tarte fondante au chocolat et à la réglisse

Pour 8 à 10 personnes

Préparation : 15 mn
Cuisson : 30 mn
Repos : 2 h

- 350 g de chocolat noir
- 1 cuil. à café de réglisse en poudre
- 9 jaunes d'œufs
- 95 cl de crème liquide
- 25 cl de lait
- 150 g de sucre
- 1 cuil. à soupe de sucre glace
- 1 bâton de réglisse pour la décoration

Concassez le chocolat noir. Portez le lait à ébullition et versez-le sur le chocolat. Mélangez bien au fouet. Dans une grande jatte, ajoutez le sucre aux jaunes d'œufs et fouettez jusqu'à l'obtention d'une crème mousseuse. Versez 70 cl de crème liquide, mélangez à nouveau, puis incorporez le chocolat fondu.

Préchauffez le four à 160 °C (th. 4-5).

Garnissez de papier sulfurisé le fond d'un moule à manqué de 30 cm de diamètre, versez-y le mélange au chocolat. Faites cuire 30 mn au four. Quand la tarte est cuite, laissez-la refroidir puis réservez-la environ 2 h au réfrigérateur pour solidifier l'ensemble.

Démoulez ensuite la tarte en tirant sur les bords du papier sulfurisé. Si malgré tout elle reste collée, faites chauffer légèrement le fond du moule au-dessus d'une flamme, puis démoulez.

Fouettez 25 cl de crème liquide avec le sucre glace et la poudre de réglisse jusqu'à l'obtention d'une crème Chantilly. Divisez la tarte en parts et déposez sur chacune 1 cuillerée à soupe de crème bien moulée.

Coupez le bâton de réglisse en deux, puis fendez-le dans le sens de la longueur afin d'obtenir des allumettes ; décorez-en la crème.

au cœur **des épices**

Voilà un dessert qui renvoie à l'enfance, quand on mâchouillait un bâton de réglisse sur le chemin de l'école. La réglisse est l'épice française par excellence.

le conseil **vin**

Un rivesaltes ou un maury.

Mangue rôtie au sésame noir et au persil plat

Pour 4 personnes
Préparation : 25 mn
Cuisson : 10 mn

- 2 mangues mûres mais fermes
- 1 botte de persil plat
- 1 cuil. à soupe de graines de sésame noir
- 10 cl de crème liquide
- 3 cuil. à soupe de miel d'acacia
- 100 g de sucre
- 1 cuil. à café d'huile de sésame grillé
- 2 cuil. à café de sucre glace

Faites bouillir le sucre avec 5 cl d'eau pour obtenir un sirop. Réservez.

Effeuillez le persil, faites-le tremper. Coupez les mangues en deux en suivant le noyau avec la lame du couteau. (Le noyau se situe naturellement du côté de la face plate.) Évidez chaque moitié obtenue avec une cuillère à soupe. Taillez la chair en morceaux de 2 cm d'épaisseur.

Dans une poêle, faites chauffer le miel. Dès qu'il caramélise légèrement, ajoutez les mangues. Faites cuire 5 mn sur feu doux en remuant souvent. Répartissez les morceaux de mangue dans quatre assiettes creuses. Mixez 30 secondes les feuilles de persil bien égouttées avec le sirop de sucre froid. Réservez.

Dans un bol, fouettez la crème liquide avec le sucre glace. Quand elle atteint une consistance ferme, ajoutez l'huile de sésame. Avec une cuillère, répartissez le coulis de persil sur les mangues. Faites chauffer légèrement la cuillère et façonnez une quenelle de crème fouettée. Déposez-la à côté des mangues. Parsemez le tout de graines de sésame noir. Servez aussitôt.

au cœur des épices

Le goût de grillé du sésame se marie bien avec la saveur de la mangue.

le conseil vin

Un gewurztraminer ou un muscat de Rivesaltes.

Crumble « Catherine » aux fruits et au *garam masala*

Pour 4 personnes

Préparation : 40 mn
Cuisson : 1 h
Macération : 1 h

- 2 pommes (reinette du Canada ou reine de reinette)
- 400 g de fraises
- 500 g de tiges de rhubarbe
- 1 cuil. à soupe de *garam masala*
- 100 g de farine
- 100 g de beurre
- 100 g de sucre en poudre
- 50 g d'amandes hachées
- 50 g de cassonade

Épluchez et lavez les tiges de rhubarbe. Coupez-les en tronçons de 2 cm de longueur. Déposez-les dans une assiette et saupoudrez-les de 25 g de cassonade. Laissez macérer 1 h.

Équeutez et lavez les fraises, coupez-les en deux. Pelez, évidez les pommes et taillez-les en dés de 1 cm.

Égouttez la rhubarbe dans une passoire. Dans un saladier, mélangez les fraises, les pommes et la rhubarbe avec le reste du sucre roux.

Mélangez la farine, le sucre, les amandes hachées et le *garam masala*. Ajoutez le beurre et travaillez l'ensemble du bout des doigts jusqu'à l'obtention d'une pâte un peu sableuse mais pas trop homogène (il doit y avoir des morceaux).

Préchauffez le four à 180 °C (th. 5-6). Dans un plat à gratin, versez les fruits, recouvrez de la pâte à crumble, et faites cuire 1 h au four. Laissez refroidir à température ambiante et servez.

au cœur **des épices**

Dans sa région d'origine, l'Inde du Nord, le *garam masala* n'est pas employé avec des préparations sucrées. Ses parfums font pourtant merveille avec les fruits cuits.

le conseil **vin**

Un coteaux-du-layon du vignoble Lecointre.

Mousse au chocolat noir et à l'anis étoilé

Pour 4 personnes

Préparation : 35 mn
Cuisson : 5 mn
Infusion : 30 mn
Réfrigération : 2 h

- 200 g de chocolat noir
- 4 couronnes d'anis étoilé concassées
- 4 œufs
- 4 cl de lait
- 4 cl de crème liquide
- 20 g de beurre
- 20 g de sucre

Dans une casserole, portez à ébullition le lait et la crème liquide avec l'anis étoilé. Laissez infuser 30 mn.

Pendant ce temps, coupez le chocolat en morceaux et faites-le fondre au bain-marie ou au micro-ondes (cuisson douce). Incorporez-y le beurre au fouet.

Cassez les œufs en séparant les blancs des jaunes dans deux saladiers différents. Fouettez légèrement les jaunes et ajoutez-les au chocolat fondu juste tiède. Portez à ébullition l'infusion anisée et versez-la sur le chocolat à travers une passoire. Fouettez pour bien mélanger.

Montez les blancs en neige bien ferme avec le sucre, ajoutez-les doucement à la préparation au chocolat. Réservez 2 h au froid. Sortez la mousse du réfrigérateur 30 mn avant de servir.

au cœur des épices

Le goût torréfié du chocolat fait qu'il est souvent difficile de lui trouver un compagnon d'arôme. L'anis étoilé en est un.

le conseil vin

J'aime bien le vin jaune du Jura avec le chocolat, mais, pour un mariage classique, le rivesaltes est parfait.

Clafoutis aux cerises

et à la citronnelle

Pour 4 personnes

Préparation : 20 mn
Cuisson : 25 mn

- 600 g de cerises
- 1 tige de citronnelle
- 2 œufs
- 250 g de crème liquide
- 20 g de beurre
- 25 g de farine
- 60 g de cassonade

Équeutez les cerises, lavez-les et égouttez-les. Hachez la tige de citronnelle. Mettez-la dans une casserole avec la crème liquide, portez à ébullition. Faites infuser 10 mn hors du feu, et laissez refroidir.

Mélangez au fouet le sucre roux, les œufs et la farine pour obtenir une pâte lisse. Versez doucement la crème tiède à travers une passoire sur ce mélange et fouettez pour homogénéiser. Préchauffez le four à 180 °C (th. 5-6).

Beurrez un moule à tarte ou à quiche, ou tout plat allant au four mais suffisamment large pour que la préparation une fois versée n'excède pas 1 cm de hauteur. Versez la crème et éparpillez les cerises non dénoyautées.

Faites cuire 25 mn, laissez tiédir 20 mn. Dégustez, mais attention aux noyaux !

au cœur **des épices**

La citronnelle souligne les cerises avec originalité dans cette préparation classique.

le conseil **vin**

Un vendanges tardives d'Alsace du domaine Barmès-Buecher.

Pommes rôties au *garam masala*

Pour 4 personnes

Préparation : 40 mn
Cuisson : 20 mn

- 2 pommes (granny smith)
- 50 g de noix concassées
- 50 g de raisins secs
- 50 g d'amandes hachées
- 100 g de pruneaux dénoyautés
- 4 pincées de *garam masala*
- 1 cuil. à café de graines de moutarde
- 20 g de beurre
- 2 cuil. à soupe de crème fraîche épaisse
- 1 cuil. à soupe de cassonade

Faites bouillir 5 mn les graines de moutarde dans 50 cl d'eau. Égouttez-les.

Dans une casserole, réunissez les noix et les raisins. Couvrez d'eau, portez à ébullition, laissez gonfler 5 mn et égouttez. Préchauffez le four à 180 °C (th. 5-6).

Coupez les pommes en deux avec un couteau sans les peler, retirez-en le cœur. Déposez les moitiés de pomme, côté creux vers le haut, dans un plat allant au four. Ajoutez sur chacune 1 noisette de beurre, un peu de cassonade, d'amandes hachées et de *garam masala*. Faites cuire 20 mn au four.

Préparez la crème mendiant : mixez les pruneaux avec la crème fraîche afin d'obtenir une purée. Dans un saladier, incorporez à cette purée les noix, les raisins et les graines de moutarde.

Sortez les pommes du four, laissez-les refroidir à température ambiante. À l'aide de deux cuillères, façonnez des quenelles de crème mendiant et garnissez-en le creux de chaque pomme.

au cœur **des épices**

Les saveurs du *garam masala* sont utilisées généralement dans des mets salés. En le dosant plus légèrement, on peut l'associer au sucre, et le résultat est aussi délicieux que surprenant.

le conseil **vin**

Un muscat de Corse.

Crème chocolat aux deux sésames

Pour 4 à 6 personnes

Préparation : 30 mn
Cuisson : 40 mn

- 150 g de chocolat noir
- 1 cuil. à soupe de graines de sésame blond
- 1 cuil. à soupe de graines de sésame noir
- 1 œuf
- 15 cl de crème liquide
- 20 cl de lait
- 4 cuil. à soupe d'huile de sésame grillé

Concassez le chocolat noir en petits morceaux. Portez à ébullition le lait et la crème liquide et versez-les sur le chocolat. Mélangez bien l'ensemble à l'aide d'un fouet. Incorporez l'œuf en fouettant puis ajoutez l'huile de sésame grillé. Mélangez de nouveau en fouettant.

Préchauffez le four à 100 °C (th. 1-2). Remplissez 4 ou 6 ramequins, ou un grand récipient à hauteur de 2 cm. Faites cuire 40 mn au four, au bain-marie.

Sortez les crèmes du four et laissez-les refroidir. Mélangez les deux variétés de sésame et parsemez-en la surface des crèmes. Servez à température ambiante.

Vous pouvez faire cuire les crèmes la veille et les sortir du réfrigérateur 3 h avant de servir. Dans ce cas, parsemez-les de sésame au dernier moment. •

au cœur **des épices**

Bien que les Chinois ne soient pas de grands amateurs de chocolat noir, je conjugue ici une saveur typiquement chinoise, celle de l'huile de sésame grillé, avec le goût torréfié d'un chocolat noir bien amer. Ici encore, les terroirs se rencontrent pour se marier avec bonheur.

le conseil **vin**

Un banyuls ou un maury.

Confiture de lait
au poivre et au sel

Pour 2 pots

Préparation : 10 mn
Cuisson : 1 h environ

- 1 litre de lait
- 500 g de sucre
- 100 g de miel d'acacia
- 1 pincée de sel de Guérande
- 2 pincées de poivre gris grossièrement moulu

Dans une grande casserole, portez à ébullition le lait avec le sucre et le miel et faites cuire doucement 1 h jusqu'à l'apparition d'une coloration caramel.

Versez le mélange dans un cul-de-poule ou dans un saladier et ajoutez le sel et le poivre. Fouettez pour homogénéiser. Laissez refroidir au réfrigérateur. À tartiner sans modération sur une brioche grillée.

au cœur des épices

La saveur salée-poivrée alliée au goût caramélisé du lait suscite la gourmandise. J'ai créé ce dessert pour l'anniversaire d'un copain « poivre et sel ». Il a adoré. Attention ! Le lait déborde facilement à la cuisson. Ma mère utilisait un « anti-monte-lait », une épaisse rondelle de verre qui empêchait le lait bouillant de déborder. On peut encore trouver cet ustensile dans les magasins spécialisés et sur les marchés. Un couvercle de bocal de conserve en verre peut toutefois faire l'affaire.

le conseil vin

Aucune boisson ne convient mieux que le thé !

Confiture de poires et d'écorce de citron vert au sumac

Pour 2 pots

Préparation : 20 mn
Cuisson : 30 mn

- 1 citron vert
- 1 kg de poires (doyenné du Comice ou conférence)
- 1 cuil. à soupe de sumac en poudre
- 600 g de sucre

Épluchez le citron vert avec un couteau économe et réservez le zeste. Pressez l'agrume et réservez le jus. Mettez le zeste dans une casserole, couvrez de 1 litre d'eau, portez à ébullition et faites cuire 2 mn. Jetez l'eau de cuisson et recommencez l'opération deux fois. Mixez très finement l'écorce pour obtenir une purée.

Épluchez les poires, évidez-les et coupez-les en petits morceaux. Arrosez-les du jus de citron vert et poudrez-les de sumac. Mélangez bien.

Dans une casserole à fond épais, réunissez tous les ingrédients et faites cuire 30 mn sur feu doux en remuant fréquemment. Versez directement le mélange dans des pots à confiture, fermez-les et retournez-les immédiatement. Laissez refroidir à l'envers, puis, quand les pots sont tièdes, retournez-les à nouveau. Conservez au réfrigérateur.

au cœur des épices

Le goût fruité et acidulé du sumac complète les saveurs de la poire, ce qui donne une confiture de caractère.

Confiture de fraises
à l'anis étoilé

Pour 2 pots

Préparation : 25 mn
Cuisson : 45 mn
Macération : 30 mn

- 1 kg de fraises
- 1 citron
- 5 couronnes d'anis étoilé
- 1 pincée de poivre gris
- 700 g de sucre

Équeutez et lavez les fraises, coupez-les en deux. Arrosez-les du jus de citron et saupoudrez-les de 50 g de sucre. Mélangez bien et laissez macérer 30 mn. Égouttez les fruits.

Dans une casserole à fond épais, réunissez les fraises, le reste du sucre, l'anis étoilé et le poivre gris. Faites cuire 45 mn sur feu doux en surveillant la cuisson afin que les fruits n'attachent pas.

Versez directement le mélange avec les épices dans les pots à confiture. Fermez ceux-ci et retournez-les. Quand la confiture est refroidie, remettez les pots à l'endroit et gardez-les au réfrigérateur. •

au cœur **des épices**

L'anis étoilé développera ses saveurs au bout de quelques jours. Il vous faudra donc un peu de patience pour déguster cette confiture dans les meilleures conditions.

Gâteau de ma mère aux noix, à la vanille et à la cannelle

Pour 6 à 8 personnes

Préparation : 30 mn
Cuisson : 35 mn

- 5 œufs entiers
- 125 g de beurre ramolli
- 150 g de cerneaux de noix
- 100 g d'amandes en poudre
- 1 cuil. à café rase de cannelle en poudre
- 1 gousse de vanille
- 300 g de sucre
- 100 g de farine

Préchauffez le four à 200 °C (th. 6-7). Beurrez un moule à cake et garnissez l'intérieur d'une feuille d'aluminium.

Concassez les cerneaux de noix au mixeur et mélangez-les à la poudre d'amandes.

Battez le beurre ramolli avec le sucre 2 mn au fouet électrique, jusqu'à dissolution du sucre et obtention d'une consistance légère et crémeuse. Ajoutez les œufs un par un sans cesser de fouetter. Incorporez la farine, le mélange amandes-noix et enfin la cannelle.

Fendez la gousse de vanille avec un petit couteau tranchant ; raclez l'intérieur pour libérer les graines. Ajoutez celles-ci au mélange. Versez la préparation dans le moule, mettez au four et faites cuire 35 mn. Laissez refroidir avant de démouler. Si vous voulez conserver ce gâteau moelleux, enveloppez-le encore tiède dans un film alimentaire. •

au cœur **des épices**

C'est un gâteau divin, que ma mère réalise souvent pour ses petits-enfants, pendant les vacances ; la cannelle et la vanille vous feront basculer rapidement dans de doux excès.

le conseil **vin**

Un vin de voile de chez Bernard Plageoles, ou une « bulle ».

Sablés
à la cannelle

Pour 6 personnes

Préparation : 30 mn
Cuisson : 12 mn
Repos : 30 mn

- 250 g de beurre + 30 g pour la plaque
- 100 g de sucre semoule
- 350 g de farine + 30 g pour la plaque
- 1 cuil. à café rase de cannelle en poudre
- 200 g de sucre cristal

Versez dans un grand saladier le beurre coupé en petits morceaux, le sucre semoule, la farine et la cannelle. Sablez la pâte : frottez les ingrédients entre vos mains et du bout des doigts, légèrement, en émiettant jusqu'à l'obtention d'un mélange ressemblant à du sable. Prenez une partie de la pâte et, avec la paume de la main, écrasez-la sur une table. Confectionnez alors une boule puis roulez-la pour obtenir un rouleau de 2 cm de diamètre. Roulez ce dernier dans le sucre cristal, coupez-le en deux pour le manipuler plus aisément. Faites durcir les rouleaux 30 mn au froid.

Quand les rouleaux sont fermes, coupez-les en rondelles de 1 cm d'épaisseur. Préchauffez le four à 180 °C (th. 5-6).

Déposez les sablés sur une plaque beurrée et farinée. Faites cuire au four 10 à 12 min, selon la cuisson que vous préférez.

Laissez refroidir les sablés sur leur plaque de cuisson. Décollez-les délicatement avec une spatule métallique et, une fois qu'ils sont complètement refroidis, rangez-les dans une boîte à fermeture hermétique. •

au cœur **des épices**

Des petits sablés tout simples pour accompagner votre café, ou à grignoter pour le goûter. Vous pouvez essayer bien sûr d'autres épices si vous n'avez pas de cannelle. Attention toutefois à ne pas surdoser.

le conseil **vin**

Un thé ou un café. En Malaisie, on déguste une boisson appelée *campur* (composée de 1/3 de lait, 1/3 de thé noir, 1/3 de café, et sucre) que ces sablés accompagnent très bien.

Soufflé froid au fromage blanc et aux graines de pavot

Pour 6 personnes

Préparation : 20 mn
Cuisson : 3 mn
Réfrigération : 3 à 4 h

- 6 œufs
- 300 g de fromage blanc à 20 % de mat. gr.
- 10 cl de crème liquide
- 1 cuil. à soupe rase de graines de pavot
- le contenu de 6 bouchons de Suze
- 1 cuil. à café de Maïzena
- 150 g de sucre
- 7 feuilles de gélatine

Cassez les œufs en séparant les blancs des jaunes. Réunissez dans une casserole les jaunes d'œufs, la crème liquide, le fromage blanc, la Suze, la Maïzena et les graines de pavot. Fouettez, sur feu doux, jusqu'à ébullition. Retirez immédiatement du feu.

Faites ramollir quelques instants la gélatine dans de l'eau froide. Égouttez-la soigneusement et incorporez-la à la préparation précédente.

Prévoyez un moule à manqué de 25 cm de diamètre et de 4 à 5 cm de hauteur. Battez les blancs d'œufs doucement avec 1 pincée de sucre jusqu'à ce qu'ils soient très mousseux, puis ajoutez progressivement le reste du sucre en fouettant plus vigoureusement jusqu'à l'obtention d'une neige bien ferme. Ce procédé empêche les blancs de grainer.

Versez sur les blancs d'œufs la préparation au fromage blanc. Mélangez doucement à l'aide d'une spatule en bois. Versez dans le moule et faites prendre 3 à 4 h au froid.

Vous pouvez servir ce dessert dans le moule ou le démouler en le trempant rapidement dans de l'eau chaude et en le retournant avec précaution.

au cœur **des épices**

C'est un dessert que je propose en été. Il est très frais, facile et rapide à réaliser. Les graines de pavot donnent un peu de croquant sous la dent.

le conseil **vin**

Tout ce qui contient de la bulle pourra convenir.

Mon carnet
d'épices

aneth

Le mot vient du grec *anethon,* qui désigne une plante qui pousse très rapidement. Le latin l'a repris en *anethum*. Le nom botanique est *Anethum graveolens*. La racine nordique du mot, qui a donné l'anglais *dill,* est *dilla,* qui signifie « bercer ». En effet, l'aneth est depuis longtemps connu pour ses propriétés calmantes, notamment pour apaiser la digestion des jeunes enfants.

Cette ombellifère pousse essentiellement dans l'hémisphère Nord, et précisément sur le pourtour méditerranéen. Elle est récoltée à maturité, lorsqu'elle a une couleur brun-jaune. Les plantes sont battues, les graines séchées. Celles-ci ont un arôme profond qui rappelle celui du carvi, légèrement anisé. Elles sont très légères ; une fois séchées, il en faut plus de dix mille pour obtenir 25 grammes. C'était, au Moyen Âge, la plante fétiche des sorciers. Les touffes fraîches sont très utilisées dans la cuisine grecque (où elles sont interchangeables avec les jeunes pousses de fenouil dans les campagnes), mais aussi dans la cuisine scandinave (on connaît la classique marinade nordique du saumon à l'aneth). Les graines sont employées en Inde, dans les pays slaves et en Europe du Nord, où elles sont appréciées dans les

Ci-contre, de gauche à droite et de en haut en bas : clous de girofle, cumin, cardamome, citronnelle, badiane, ras el-hanout, fève tonka, sésame, gingembre, coriandre, garam masala.

conserves vinaigrées et les concombres saumurés *(malossol, dill pickles)*. Elles peuvent aussi servir pour paner des filets de poisson ou entrer dans la préparation d'une nage ou d'un court-bouillon. En boulangerie, les graines figurent dans la composition de certains pains.

Mes recettes préférées Gratin de potiron à la graine d'aneth ; rillettes de thon à l'aneth et aux quatre poivres.

anis étoilé (ou badiane)

Le mot « badiane » vient du persan. Mais c'est tout d'abord le nom *illicum* (en latin, *illicere* signifie « séduire »), puis *Illicum anisatum,* qui désigna cette épice. On l'appela ensuite « anis de Sibérie » ou « fenouil de Chine ».

La badiane trouve en effet son origine en Chine. Elle est issue d'un petit arbuste de la famille des magnolias. À maturité, les fleurs ont la forme d'une étoile à huit branches (c'est d'ailleurs son nom en chinois). Cet arbre est d'une espèce très archaïque, on le considère comme venant de la nuit des temps.

L'anis étoilé (badiane) s'utilise entier ou moulu. Entier, il est utilisé dans les courts-bouillons (pour cuire les crabes ou les homards) et les marinades (pour les gibiers). En poudre, il peut assaisonner des viandes blanches,

Mes recettes préférées Lieu jaune au lait de pomme de terre et à l'anis étoilé ; épaule d'agneau fondante à l'anis étoilé ; mousse au chocolat noir et à l'anis étoilé.

anis vert

Les petites graines de l'ombellifère *Pimpinella anisum* sont une des plus anciennes épices connues, appréciées pour leur petit goût sucré et leurs qualités digestives. Elles sont originaires du Proche-Orient. Leur arôme bien connu ressemble beaucoup à celui du fenouil et du cerfeuil musqué, mais surtout à celui de l'anis étoilé, ou badiane, qui ne lui est pas botaniquement apparenté. Celui-ci est souvent employé en lieu et place de l'anis vert. Dans les cuisines d'Inde et d'Indonésie, on confond volontiers les graines d'anis et de fenouil, auxquelles on donne les mêmes usages, mais en Orient c'est l'anis étoilé qui a la vedette.

L'anis vert est plus couramment employé en Occident, par exemple dans la pâtisserie alsacienne et dans certaines charcuteries (saucisses) méditerranéennes. Son application la plus répandue, toutefois, est l'industrie des liqueurs (pastis, ouzo, raki turc, anis espagnol, etc.).

Mes recettes préférées Cuisses de lapin à l'anis vert.

cannelle et casse

L'appellation cannelle recouvre une assez large gamme d'épices d'espèces voisines, apparentées au laurier. Ces écorces d'arbustes à l'odeur chaude et pénétrante se récoltent en Inde, au Sri Lanka, en Indonésie, en Chine et au Viêt-nam. L'espèce la plus renommée en Europe est la cannelle de Ceylan *(Cinnamomum zeylanica)*, qui se présente en longs copeaux friables de couleur claire et au parfum doux et sucré. La cannelle d'Indonésie, plus aromatique, se présente en copeaux plus épais. La casse *(Cinnamomum cassia)* lui ressemble, avec un parfum plus robuste : elle est très parfumée avec une légère amertume. Elle aromatise les bouillons et les plats à cuisson longue de la cuisine chinoise, d'où son nom de cannelle de Chine. C'est la forme de cannelle la plus anciennement connue de l'Occident.

Casse et cannelle entrent dans toutes sortes de préparations asiatiques salées et sucrées. Elles servent notamment à aromatiser le thé. Cependant, en Europe occidentale, elles sont trop cantonnées aux desserts et aux pâtisseries, alors qu'en Méditerranée orientale (Grèce, Turquie, Iran), on connaît bien leur affinité avec les viandes mijotées, surtout associées à la tomate. Leur spectre culinaire gagne à être élargi. Dans les plats salés, la cannelle apporte une profondeur aromatique très plaisante.

Mes recettes préférées Mulet rôti au four à l'orange et à la cannelle ; gâteau de ma mère aux noix, à la vanille et à la cannelle.

cardamome

Son appellation arabe est *hahmama* ; le grec l'appelle *kardamon*. Le latin a associé ces deux vocables sous le nom botanique *Amomum cardamomum*. Son pays d'origine est l'Inde, plus particulièrement les monts Kardamon. La plante est une zingibéracée, comme le gingembre et le curcuma.

Au temps de la splendeur de Rome, c'était, au plan commercial, l'épice concurrente du poivre. Elle était principalement employée dans la pharmacopée pour soulager les troubles intestinaux. Elle est restée une épice très recherchée, au prix encore élevé.

La meilleure est la cardamome verte, la blanche étant une cardamome aux gousses blanchies. La brune, ou noire, est considérée comme une « fausse » cardamome ; son goût est différent de celui de l'autre variété. À la cuisson, elle développe des arôme camphrés.

La cardamome entre dans la composition de nombreux caris. Le riz, en Inde et en Afghanistan, est souvent cuit avec quelques gousses éclatées. Elle parfume la plupart des desserts indiens, et le café dans certains pays arabes. Il faut fendre les gousses pour récupérer les graines et écraser celles-ci avec le plat de la lame d'un grand couteau pour qu'elles révèlent leur parfum.

Mes recettes préférées Blanquette de veau aux épices anisées.

cari

Le mot vient du tamoul *kari,* qui désigne en réalité une préparation culinaire. Les Anglais ont repris le terme pour le transformer en *curry,* les Français en « cari ».

Les premières recettes de cari datent d'environ deux mille ans et ne diffèrent en rien de celles d'aujourd'hui. La poudre de cari est un mélange d'épices. Sa composition aromatique varie selon les préparations envisagées, mais il y a toujours à la base piments rouges, poivre, gingembre et curcuma. À cette composition, il est possible d'ajouter coriandre, cumin, fenugrec, noix de muscade, clou de girofle, cannelle, graines de moutarde…

La tradition indienne ignore les poudres de cari standard ; celle du commerce est une invention anglaise. C'est pourquoi il est préférable de fabriquer, comme les Indiens, son cari juste avant emploi et de le faire revenir doucement dans un peu de matière grasse pour exalter les parfums.

Divers pays d'Asie, de l'océan Indien et même des Caraïbes utilisent des poudres d'épices dont la composition varie localement, mais qui sont toutes dérivées du cari de base : colombo aux Antilles ; massalé à la Réunion et à l'île Maurice ; caris malais, indonésiens, thaïlandais, etc.

Voici les proportions pour obtenir au mixeur, dans un moulin à café ou, mieux, dans un mortier une poudre de cari de base :

- 1 piment rouge sec
- 1 cuil. à soupe de graines de coriandre

- 1 cuil. à soupe de graines de cumin
- 1 cuil. à soupe de curcuma
- 6 grains de poivre noir ou blanc
- 1/2 cuil. à soupe de poudre de gingembre
- 1 clou de girofle

Mes recettes préférées Crevettes et patates douces au cari ; lentilles vertes étuvées au cari ; poulet au cari.

carvi

Le nom scientifique est *Carum carvi,* mais l'origine vient sans doute de l'arabe *karw'iya.* Le carvi est une ombellifère, membre de la famille aromatique du persil. Il est cultivé principalement en Europe du Nord et de l'Est ; on le trouve à l'état sauvage dans les Alpes. La plante est récoltée en été. On bat les tiges comme les blés, puis on fait sécher les graines. Le carvi, légèrement amer et acide en même temps, a un goût moins anisé que celui du cumin, avec lequel il est souvent confondu, car leurs formes sont très similaires.

Le carvi est une épice qui a traversé cinq mille ans sans faiblir en popularité. Il fut tout d'abord plante médicinale pour devenir ensuite une des épices culinaires les plus répandues en Europe.

Le carvi entre dans la composition de nombreux pains et préparations de charcuteries. En Alsace, il est associé au munster ; en Hongrie, au goulasch, aux pickles et aux betteraves ; en Allemagne, aux pains et aux saucisses ; au Maroc, dans certains tajines ; et en Tunisie, dans le mélange d'épices appelé *tabel.*

Mes recettes préférées Côtes de romaine au carvi et au saumon fumé ; daurade panée aux épices concassées ; crème brûlée au carvi.

citronnelle

Plante tropicale *(Cymbopogon citratus)* poussant en Asie, en Afrique et en Amérique latine, la citronnelle fait partie de la famille des graminées. Elle mesure 50 centimètres de hauteur, et son aspect est celui d'une grosse cive. On la récolte deux ou trois fois par an. Elle peut toutefois se cultiver en Europe si l'on prend soin de bien l'exposer à la lumière et de la préserver du froid. Elle s'utilise principalement fraîche, mais aussi séchée. Elle possède un goût citronné très fin. La base renflée des tiges doit être fendue ou écrasée pour libérer un maximum d'arôme. La partie supérieure de la tige est plus amère ; elle est donc utilisée avec parcimonie, et principalement en infusion. La citronnelle est un produit magique qui enrichit les préparations d'une saveur fraîche et citronnée, sans acidité, et d'un parfum délicat et persistant.

L'armoise, la mélisse et la verveine sont également appelées « citronnelle », car leurs arômes sont très proches de celui de la plante décrite ci-dessus.

La citronnelle est rarement utilisée seule : les feuilles de limettier lui sont souvent adjointes pour accentuer ses saveurs citronnées. Elle entre également dans la composition des pâtes de cari vert employées pour les plats de poisson. Il m'arrive de l'utiliser finement hachée, comme une échalote, et d'en parsemer une salade pour en relever l'assaisonnement.

Mes recettes préférées Marinade de raie à la citronnelle crue ; coquilles Saint-Jacques à la nage de citronnelle ; brandade de morue à la citronnelle.

colombo

Le colombo, variante antillaise du cari indien, se présente sous forme de pâte ou de poudre. On y trouve donc du piment rouge frais, de l'ail, du curcuma, de la coriandre, des graines de moutarde moulues, un peu de clou de girofle et de la cannelle selon les recettes.

Mes recettes préférées Soupe de moules aux amandes et au colombo.

coriandre

Le nom tire son origine du grec *koris*, « punaise », car l'odeur de cette herbe rappelle vaguement à certains celle de l'insecte écrasé.

Sous l'Antiquité, cette ombellifère fut longtemps cultivée sur le pourtour méditerranéen. Les feuilles et les graines sont utilisées comme condiments aromatiques. Récoltées à maturité, les plantes sont séchées et battues pour séparer les graines. Celles-ci possèdent un goût épicé aux arômes d'écorce d'agrume avec quelques notes poivrées. La plante fraîche est très aromatique et exhale une odeur fraîche et poivrée. On l'appelle aussi « persil chinois » ou « persil arabe » ; il est vrai que ses feuilles sont fréquemment utilisées en Asie, en Afrique du Nord et en Amérique latine (le *cilantro* de la cuisine mexicaine) comme nous utilisons le persil.

Moulues, les graines de coriandre entrent dans la composition de base des poudres de cari et des *masala*. Elles font merveille dans les plats de légumes. La cuisine marocaine les utilise beaucoup. Fraîche, la coriandre peut être mélangée à des salades. En graines, elle parfume les ragoûts.

En France, son emploi est assez limité, et seules les préparations dites « à la grecque » enseignées dans les écoles de cuisine font usage de la coriandre.

Mes recettes préférées Tarte aux pommes, caramel à la coriandre.

cumin

Son nom botanique est *Cyminum cyminum*. C'est une épice très utilisée en Inde, mais son berceau originel est la vallée du Nil. Le cumin est récolté en Afrique du Nord et en Asie Mineure. La récolte se fait comme pour le carvi : à maturité, la plante séchée est battue pour en extraire les graines. La saveur du cumin est chaude et légèrement anisée, un peu âcre et amère.

La graine de cumin entre dans la composition de nombreuses poudres de cari ; on l'apprécie beaucoup dans la cuisine marocaine. Les pays de l'Est l'utilisent depuis longtemps pour aromatiser les pains et les pâtisseries. En France, c'est le compagnon idéal du munster. Le cumin entre dans la composition de nombreux mélanges d'épices. Les *masala* indiens, le ras el-hanout marocain, les caris d'Asie et des îles, ainsi que les divers mélanges africains, en contiennent fréquemment.

Mes recettes préférées Riz grillé au cumin ; sauté de lapin au cumin ; rôti de porc au cumin.

curcuma

Le mot vient de l'arabe *kourkoum*. Le curcuma, dont le nom botanique est *Curcuma longa*, est une zingibéracée, plante à rhizome à belles fleurs roses de la famille du gingembre. Il pousse en Inde, en Indonésie et en Amérique équatoriale. Son arôme est à la fois muscadé et poivré.

Dans la médecine indienne (et dans la pharmacopée occidentale), le curcuma est utilisé comme antiseptique digestif puissant, et dans la cosmétique indienne il est souverain pour la peau. Sa superbe couleur orangée à l'état frais, et jaune safrané à l'état sec, fait de lui, bien que son goût soit différent, un concurrent direct du safran : il le remplace ainsi dans de nombreux plats indiens, et c'est lui qui donne sa couleur jaune à la poudre c cari. Il est également employé dans la cuisin marocaine. Son très fort pouvoir colorant fait qu'o l'utilise régulièrement pour teindre les tissus.

Mes recettes préférées Soupe de tomates a curcuma ; gâteau de chou-fleur au curcuma.

fenouil

Cette ombellifère odorante, *Fœniculum vulgar* pousse à l'état sauvage dans tout le Bassi méditerranéen et dans de nombreuses régior françaises. Toute la plante est comestible ; c connaît l'affinité des branches de fenouil et d poisson grillé, mais les jeunes pousses sont aus consommées comme herbe en Grèce rurale, variété horticole donne un bulbe très appréci comme légume et les graines sont largemer utilisées comme épice. Leur usage est universe mais généralement en petite quantité : comm ingrédient des cinq-épices chinoises, dans le cuisines du Proche-Orient et de l'Inde, dans le marinades vinaigrées d'Europe centrale et le charcuteries italiennes. Comme la plante entière, le graines sont en harmonie avec les plats de poisso mais leur goût fin et anisé s'accorde également bie aux légumes et aux salades.

Mes recettes préférées Céleri-rave aux graine de fenouil.

fenugrec

Cette légumineuse (*Trigonella fœnum-græcum*) q fut très appréciée dans l'Antiquité est encore pe estimée chez nous. C'est dommage, car l'arôme d ces petites graines dures de couleur ocre es unique. On peut diminuer leur amertume en le grillant légèrement avant de les broyer, mais parfum du fenugrec frais est vif et plaisant. Son nor latin signifie « foin grec ». C'était aussi autrefois une plante fourragère, comme la luzerne : la plante séchée dégage une forte odeur de foin.

En Inde, le fenugrec (*methi*) est une épice indispensable ; c'est un élément des meilleures poudres de cari, notamment des mélanges destinés à la cuisine végétarienne, car il fait surtout merveille avec les légumes. On consomme également les feuilles de fenugrec comme des épinards ou comme aromate de la pâte à pain *naan*. Le fenugrec entre dans d'autres mélanges d'épices comme le massalé de l'océan Indien ou le *berberi* éthiopien, mais il est rarement utilisé seul.

Mes recettes préférées Terrine de lapin à l'aubergine et au fenugrec.

garam masala

Signifiant littéralement « épices chaudes », ce nom désigne un mélange d'épices très populaire en Inde du Nord. C'est une des nombreuses et diverses préparations indiennes réunies sous le nom de *masala*. Il ne doit pas être confondu avec le massalé, variété de cari de l'océan Indien. Composé principalement de poivre noir, de cumin noir du Cachemire (en vente dans les alimentations indiennes ; c'est un cumin à petite graine fine et à parfum truffé), de coriandre, de laurier, de girofle et d'un peu de cannelle, il s'emploie en fin de cuisson, car il est composé d'arômes plus doux et plus volatils que ceux du cari. J'aime, au contraire de la tradition indienne, l'utiliser dans les desserts.

Si vous ne trouvez pas de *garam masala* dans le commerce, vous pouvez le préparer vous-même. Il suffit de réunir, dans un moulin à café :

- 3 cuil. à soupe de grains de poivre noir
- 2 cuil. à soupe de graines de cumin noir (ou, à défaut, de cumin ordinaire)

- 2 bâtons de cannelle de Ceylan, brisés en plusieurs tronçons
- 1 cuil. à soupe rase de clous de girofle
- 2 cuil. à café de macis ou 1/2 noix de muscade concassée
- 2 cuil. à soupe rases de graines de cardamome verte (décortiquez les gousses)
- 2 cuil. à soupe de graines de coriandre
- 6 feuilles de laurier

Pulvérisez ces épices en une poudre fine que vous conserverez dans un bocal à fermeture hermétique.

Mes recettes préférées Chou rouge aux pommes et au *garam masala* ; escalope de veau au *garam masala* ; crumble « Catherine » aux fruits et au *garam masala*.

baies de genièvre

C'est une des rares épices purement occidentales, voire nordiques ; on n'a jamais eu à l'importer des contrées lointaines. C'est aussi le seul exemple d'épice provenant d'un conifère. Le genévrier (*Juniperus communis*), petit arbre épineux, croît dans les régions montagneuses. Ses baies d'un beau bleu sombre, légèrement amères et sucrées, mûrissent en deux ans. Elles figurent en abondance dans les cuisines d'Allemagne, de Flandre et du Nord, que ce soit pour aromatiser la choucroute ou les eaux-de-vie. Dans la tradition germanique, le gibier à poil ou à plume ne se conçoit pas en cuisine sans quelques baies de genièvre. Il faut les écraser légèrement avant de les ajouter aux plats.

Mes recettes préférées Rognons de veau au gingembre et aux baies de genièvre.

gingembre

Du sanscrit *sringavera* (« corne »). Le latin l'a transformé en *Zingiber officinalis*. La plante appartient à la famille des zingibéracées.

Le gingembre, originaire d'Inde et de Malaisie, est un rhizome. Il est planté dans les régions fortement pluvieuses et ensoleillées. Comme il épuise très rapidement les sols, il nécessite de pratiquer la rotation des cultures. La récolte s'effectue au bout de huit mois, quand les tiges se fanent. On déterre alors les « mains » de gingembre (ces bulbes noueux rappellent la forme d'une main). Elles sont grattées et souvent séchées pour l'exportation. Mais c'est le rhizome frais qui dégage le plus d'arôme.

On trouve de plus en plus aisément, dans les alimentations et supermarchés asiatiques, du gingembre jeune, tendre et rosé, non encore recouvert d'une peau brune. Plus doux que le gingembre mûr, il doit être consommé rapidement. Le gingembre africain se présente en « mains » plus petites que ses congénères asiatiques ; il est aussi de saveur plus puissante. On en fait, en Afrique équatoriale, des bières stimulantes.

C'est certainement l'épice qui fut introduite la première en Europe. Sa facilité de conservation, donc de transport, développèrent son négoce. En outre, les marins consommaient sans doute beaucoup de gingembre, car il a la propriété de calmer le mal de mer. Les recettes d'Apicius témoignent de sa large diffusion, et le fameux pain d'épice, *ginger bread*, remonte au Moyen Âge et existe dans toute l'Europe.

Le rhizome peut être utilisé de multiples manières : frais, confit, râpé, en jus, en poudre ou au vinaigre. Dans les préparations asiatiques, à l'état frais, il est souvent associé avec de l'ail. En poudre, il entre dans de nombreuses compositions épicées comme les caris ou certains *masala*. La charcuterie et la pâtisserie l'utilisent sous cette forme.

Mes recettes préférées Tomate-mozzarella à l'huile de gingembre ; gambas à la vapeur de gingembre ; gâteau de bananes au gingembre confit.

clou de girofle

Le nom botanique de la plante est *Eugenia caryophyllata*, du grec *karyophyllon*. En arabe, on l'appelle *qarunfel*. Le français l'a d'abord désigné du terme de *giroufle* pour parvenir à l'appellation actuelle.

Le clou de girofle provient de l'arbre appelé giroflier. Originaire des Moluques, celui-ci appartient à la famille des myrtacées et peut atteindre 15 mètres de hauteur. Il peut vivre jusqu'à cent cinquante ans. On récolte à la main la partie la plus odorante de la fleur du giroflier, encore sous forme de bouton. Il faut la cueillir au moment précis où rosit la corolle non encore ouverte, l'épanouissement lui faisant perdre une grande partie de son arôme. Les boutons sont séchés pendant trois jours. Au bout de ce temps, ils deviennent rouge-brun et présentent alors l'aspect familier d'un clou.

Cette épice fut un produit de luxe dès son arrivée en Europe. Ses propriétés médicinales l'ont fait fortement convoiter. Pierre Poivre rompit le monopole de son commerce, maintenu par les Hollandais, en subtilisant quelques plants et en les cultivant à Madagascar.

Antiseptique, le clou de girofle est le conservateur naturel par excellence. Il entre dans la composition des marinades, notamment pour les gibiers. Il est également utilisé en pâtisserie, parfume les courts-bouillons, et peut aussi être un élément des poudres de cari.

Mes recettes préférées Reine de Saba aux épices.

feuilles de limettier (ou lime kaffir ou combava)

Le nom botanique de cette plante est *Citrus hystrix*. Il s'agit des feuilles d'une variété de citronnier asiatique (poussant en Thaïlande et en Malaisie), appelé selon les régions *kaffir*, *makrut* ou *combava*. C'est sous un de ces noms que vous trouverez feuilles et fruits dans les alimentations asiatiques. L'arbuste est pourvu de branches hérissées de piquants, et ses feuilles, assez épaisses, poussent en double, comme collées deux par deux. Très parfumées, elles possèdent des arômes de citron sans en avoir l'acidité.

Le fruit de cet arbre ressemble à un petit citron vert sombre à la peau fripée et au goût amer. Peu juteux mais aromatique, il est utilisé conjointement à la feuille en cuisine thaïlandaise.

Pour extraire leurs arômes subtils, il faut prendre les feuilles fraîches ou, mieux encore, congelées (le transport altère leur parfum). Cette épice est souvent utilisée en infusion dans des bouillons ou dans des soupes. Elle entre dans la composition de certains caris verts d'Asie du Sud-Est. Ses arômes se marient très bien avec celui de la noix de coco. On peut l'associer à la citronnelle.

Mes recettes préférées Gâteau de girolles aux feuilles de limettier ; saint-pierre rôti aux feuilles de limettier.

maniguette (ou graines de paradis)

C'est une épice purement africaine, originaire des côtes d'Afrique occidentale, et notamment d'une région anciennement appelée « côte du Poivre » (actuels Liberia et Sierra Leone). Les autres noms de la maniguette sont « poivre de Guinée » ou « malaguette ». La plante (*Amomum melegueta*), proche du gingembre et de la cardamome, est issue d'un rhizome. Les graines poussent dans de grosses gousses.

La maniguette a longtemps concurrencé le poivre, qui était beaucoup plus cher ; elle lui était substituée avant que la route du poivre ne fût pleinement ouverte. À partir du XVIe siècle, le poivre étant devenu couramment disponible, on se servit de la maniguette pour aromatiser les bières. Les Africains de l'Ouest la consommaient en lieu et place du poivre noir, réservé au commerce. Aujourd'hui encore, la maniguette provient d'Afrique, notamment du Ghana. Les Africains l'utilisent comme épice mais aussi comme remède maison pour réchauffer le corps. La cuisine d'Afrique du Nord, tunisienne en particulier, en fait un grand usage.

Je conseille de moudre cette épice au moment de son emploi, car ces arômes sont très fugitifs. Elle a un goût piquant et légèrement citronné. Moulu sur une salade ou sur un poisson cuit à la vapeur, ce poivre révèle tout son caractère aromatique.

Mes recettes préférées Rillettes de thon à l'aneth et aux quatre poivres ; canette fermière au miel et à la maniguette.

graines de moutarde

Le nom vient du latin *Mustum ardens* (« moût brûlant »), car on a longtemps préparé la moutarde en mélangeant les graines moulues à du moût de raisin.

Les graines sont récoltées à maturité des gousses avant que celles-ci ne s'ouvrent ; elles sont ensuite séchées et battues. Les graines jaunes de la moutarde blanche sont plus grosses et moins fortes que les graines noires ou brunes. Elles sont peu odorantes et nécessitent d'être écrasées ou chauffées. D'une manière générale, cette opération en altère la saveur et il faut la mener avec précaution.

Mes recettes préférées Salade tiède de rognons d'agneau en mendiant d'épices.

noix de muscade et macis

Le nom « muscade » vient du latin *moschatus*, issu lui-même du grec *moskhos*, mot d'origine orientale désignant le musc.

La muscade provient du muscadier, arbre originaire des Moluques, dans l'archipel indonésien. Actuellement la Grenade en produit beaucoup et de très bonne qualité.

Le muscadier est un arbre au feuillage dense, qui mesure entre 10 et 20 mètres de hauteur.

Il peut être fructifère jusqu'à l'âge de cent ans, et chaque arbre peut donner jusqu'à environ 20 kilogrammes de fruits par an.

Sur l'arbre, le fruit ressemble à une grosse noix verte d'environ 5 centimètres de diamètre. À maturité, il prend une couleur jaune et se sépare en deux pour libérer une coque (certains font des confitures avec ce fruit) entourée d'une résille rouge vif ou jaune doré selon l'origine des arbres : cette résille est le macis, ou fleur de muscade. On la récupère pour la sécher. Son goût est légèrement piquant et un peu âcre ; son odeur ressemble à celle de la noix de muscade râpée.

La coque renferme une graine, qui est la noix de muscade proprement dite. Cette coque est exposée au soleil pendant deux mois. Lorsqu'elle résonne comme un grelot, on la casse à l'aide d'un maillet pour en extraire la noix de muscade telle que nous la connaissons.

Le commerce de la muscade fut longtemps convoité par tous les Européens possédant des comptoirs en Asie. Sa valeur, au XIVe siècle, était d'une vache pour 500 grammes. Les Hollandais en eurent le monopole pendant de nombreuses années, mais la contrebande et les guerres dispersèrent les plants, et le muscadier se répandit en Inde, aux Caraïbes, et notamment à la Grenade.

La noix de muscade entre dans la composition du *garam masala* et de certains caris. Elle s'utilise uniquement râpée, car ses arômes sont très volatils. Elle est employée pour relever les charcuteries (pâtés, saucisses et salaisons) ; elle parfume les purées de légumes mais elle s'utilise aussi sur les pâtes fraîches. Son mariage avec l'ananas donne de merveilleux résultats. Associée au chocolat, elle surprend. Je l'utilise sur la mozzarella quand le basilic n'est pas disponible.

Mes recettes préférées Risotto aux châtaignes et cèpes, parfum de muscade ; salade « macaronade » à la noix de muscade.

graines de pavot

La plante appartient à la famille des papavéracées. Son nom botanique est *Papaver somniferum*.

Le pavot a tout d'abord été connu pour ses propriétés soporifiques et analgésiques. Les graines sont utilisées en cuisine en Europe de l'Est, au Proche-Orient et en Inde. On les extrait des fleurs parvenues à maturité. Préalablement, on fait suinter le latex contenant l'opium par des entailles pratiquées sur les capitules floraux. Ceux-ci sont ensuite mis à sécher au soleil, en gerbes, comme le blé. Les graines récoltées possèdent une saveur de noyau et un léger goût de noisette. Elles peuvent être de couleur bleu-gris, jaune ou blanche.

En Asie, on les utilise souvent dans les préparations de légumes et dans certains caris. En Europe, elles sont ajoutées au pain et à certaines pâtisseries. Au Proche-Orient, en Turquie et en Europe de l'Est, on réduit les graines en pâte pour fourrer des gâteaux.

J'utilise le pavot dans diverses préparations, aussi bien sucrées que salées. Il apporte une fraîcheur très agréable et un petit croquant très apprécié.

Mes recettes préférées Tomates panées aux graines de pavot ; tranche d'espadon en croûte de pavot.

piment et paprika

Le mot piment vient du latin *pigmentum* ; l'espagnol le reprend en *pimiento*. Le nom botanique qui recouvre toute l'espèce aux nombreuses variétés est *Capsicum annuum*. Le piment, de la famille des solanacées, est originaire d'Amérique latine. Les premières graines furent ramenées par Christophe Colomb. Sa culture est si facile qu'il est devenu très rapidement une des épices les plus consommées dans le monde. Il existe environ 200 variétés de piments ; chaque pays a son piment local, qui donne fierté aux plats dans lesquels il est utilisé. Certains ont peu de saveur et beaucoup de force (comme le piment de Cayenne) ; d'autres peu de force et beaucoup de saveur (comme le poivron) ; d'autres réussissent à associer saveur et puissance (piment d'Espelette, *jalapeño*, paprika-cerise hongrois, piment *habanero*…). Ce sont principalement les Turcs qui ont introduit le piment en Europe. Le mot paprika est un dérivé hongrois de l'ottoman *parapha*.

L'emploi du piment est universel ; il relève les préparations d'Asie comme celles d'Amérique latine. En France, c'est le fameux piment d'Espelette, si parfumé, qui a conquis une réputation internationale.

Mes recettes préférées Poêlée de coques au piment d'Espelette ; goulasch de veau aux pistaches.

poivre (noir, vert ou blanc)

Appelé *pippali* en sanskrit (nom qu'il partage avec le poivre long), le latin le reprend en *piper*. C'est Pierre Poivre, gouverneur de l'île Maurice, qui lui donna son nom français. Cette épice est originaire de la côte de Malabar, en Inde. On la trouve sous trois formes principales, le noir, le blanc et le vert. Elles sont issues de la même plante, de la famille des pipéracées, mais elles sont récoltées à des stades de maturité différents.

Le poivre noir est cueilli vert puis fermenté et séché au soleil. Le poivre blanc est issu des baies mûres, débarrassées de leur écorce et séchées au soleil. Le vert est récolté très jeune, en grappes ; il est ensuite cuit naturellement ou conservé au vinaigre ou en saumure. On le trouve également lyophilisé.

On peut sérieusement affirmer que le poivre est l'épice reine. Les Romains lui donnaient la même valeur que celle de l'or : c'est dire si elle était appréciée ! D'ailleurs les riches furent un temps qualifiés au moyen de la belle expression « sac à poivre ». Inutile de décrire, tant elles sont nombreuses, les vertus aphrodisiaques et curatives qui lui sont associées.

C'est sans aucun doute l'épice la plus utilisée au monde. Elle est présente dans toutes les préparations de charcuterie et de salaison. Le moulin à poivre est le compagnon de toutes les tables, et son emploi de dernière minute tonifie les mets. Le poivre est utilisé soit moulu, soit concassé en mignonnette, soit entier. La sauce au poivre est un des classiques les plus répandus.

Mes recettes préférées Terrine de canard au poivre vert ; blancs de seiche au poivre vert ; maquereaux laqués au poivre noir ; confiture de lait au poivre et au sel.

poivre de la Jamaïque

Ce n'est ni un poivre ni un piment, mais son nom latin est *Pimenta officinalis,* et son nom vernaculaire, dans les Caraïbes où il est abondamment utilisé, est *pimienta*. En France, on le connaît sous le nom de quatre-épices, poivre de la Jamaïque, toute-épice ; aux Antilles françaises, c'est le « bois d'Inde ».

L'arbuste, de la famille des myrtacées, produit de petites baies rondes récoltées avant maturité et séchées. Leur arôme est puissant et complexe, tenant à la fois de la cannelle, du girofle, de la noix de muscade et du poivre, d'où l'appellation de quatre-épices. Comme leur nom l'indique, les baies séchées sont très utilisées dans la cuisine jamaïcaine et dans toutes les Caraïbes : marinades, cocktails, boissons, plats mijotés... C'est l'épice des Îles par excellence. En France, c'est surtout dans les marinades et les charcuteries que leur usage est courant. Le poivre de la Jamaïque mérite mieux que sa réputation de succédané tenant de plusieurs épices à la fois et d'aucune en particulier. Il vaut la peine d'être utilisé pour lui-même, par exemple pulvérisé dans un moulin à poivre.

Mes recettes préférées Rillettes de thon à l'aneth et aux quatre poivres.

poivre du Sichuan

Cette épice n'est pas un poivre mais une baie brun-rouge provenant d'un frêne épineux asiatique, le fagara. Les baies sont séchées au soleil jusqu'à ce qu'elles s'ouvrent. On ne récolte que l'enveloppe. La variété chinoise, aux arômes à la fois citronnés et poivrés, est reconnue comme la meilleure. Les Japonais utilisent les feuilles séchées et pulvérisées du fagara comme condiment piquant (*kona sanshô*).

Ils les mélangent à des algues séchées et à du sésame pour en parsemer le riz.

Cette épice est très utilisée en Chine. Elle est généralement moulue et associée au fenouil, à l'anis étoilé, à la cardamome, à la cannelle et au clou de girofle pour élaborer le fameux mélange appelé cinq-épices.

J'utilise le poivre du Sichuan très finement moulu, car les baies entières sont trop fortes et trop dominantes en bouche. Il faut le broyer au dernier moment, car ses essences sont extrêmement volatiles. De même, son emploi ne devrait s'effectuer qu'en fin de cuisson pour conserver ses valeurs gustatives.

Mes recettes préférées Œufs à la coque au poivre du Sichuan ; radis blanc *daikon* sauté au poivre du Sichuan ; pot-au-feu de poissons à la croque aux épices.

poivre long

C'est le vrai *pippali* de la tradition indienne ; en médecine védique, le poivre long est une espèce de panacée qui entre dans la composition de nombreux remèdes. Ces baies allongées sont de la famille du poivre classique ; les fruits sont récoltés précocement et séchés au soleil. Généralement cultivés en Indonésie et en Inde, ils sont munis d'un appendice ressemblant à une queue ou à un chaton de noisetier. Le poivre long, outre ses emplois curatifs, est surtout employé entier dans les courts-bouillons et les infusions. Ses arômes sont délicats, rappelant à la fois la vanille, le poivre et la noix de muscade.

Cette épice possède une saveur légèrement amère et un peu moins piquante que celle du poivre noir dont elle a cependant la puissance ; si on l'emploie moulue, ce doit être avec parcimonie. Sous cette forme, le poivre long est toutefois d'une très grande richesse aromatique.

Je l'utilise souvent dans mes préparations en sauce où il s'exprime pleinement après avoir mijoté quelques minutes ; je l'apprécie aussi dans les courts-bouillons pour le poisson.

Il me sert souvent à relever les caramels, qui s'en trouvent vivifiés.

Mes recettes préférées Poitrine de porc fondante aux trois épices ; ananas rôti au caramel d'épices.

ras el-hanout

C'est un fameux mélange d'épices dont la recette, jamais fixée, reflète bien le caractère baroque de la cuisine marocaine. Son nom signifie littéralement « le chef de la boutique », indiquant qu'une seule personne dans le magasin est qualifiée pour préparer ce mélange selon les besoins (et les moyens) du client. On compte en général pas moins de trente épices pour le réaliser, des plus communes (cumin, curcuma, fenugrec, piment, coriandre, poivre, laurier, noix de muscade, cannelle, cardamome, girofle...) aux plus insolites (boutons de rose, cubèbe ou poivre à queue, graines de paradis, agnus-castus, mouche cantharide, chanvre indien, belladone...).

Il est peu probable que les mélanges du commerce contiennent tout cela ; les arômes varieront énormément selon ce que vous trouverez, car la composition est en vérité assez flottante. Fiez-vous à votre nez.

Mes recettes préférées Terrine de poulette à l'oseille et au ras el-hanout ; couscous 100 % légumes, vinaigrette d'épices.

réglisse

Glycyrrhiza glabra est un arbuste de la famille des légumineuses, apparenté au robinier et originaire de Chine. Il est principalement cultivé en Inde et en

Méditerranée orientale. Ses racines contiennent une sève sucrée dont le goût rappelle, en plus puissant, l'anis et le fenouil. Bien que la réglisse ait toujours été utilisée davantage pour ses propriétés médicinales que comme épice, elle est depuis longtemps appréciée en France pour aromatiser des confiseries et des boissons bien connues des enfants. L'image de l'écolier du début du XXe siècle mâchonnant un bâton de réglisse ou un bout de Zan sur le chemin de l'école est présente dans tous les esprits ; c'est l'épice française par excellence. J'exploite, quant à moi, son affinité avec le chocolat.

Mes recettes préférées Tarte fondante au chocolat et à la réglisse.

safran

Son nom vient de l'arabe *sahafaran* et du persan *zafran*. Son nom botanique est *Crocus sativus*. La plante bulbeuse, qui appartient à la famille des iridacées, est originaire d'Asie Mineure. L'épice est en fait constituée par les stigmates de la fleur violacée, qui atteint sa maturité à l'automne.

Cette épice était déjà mentionnée dans certains textes égyptiens pour ses vertus médicinales. Par la suite, sa conquête du pourtour méditerranéen est attestée à travers la mythologie grecque, et notamment les amours de la nymphe Smilax et de Crocos. Le safran était utilisé, en Grèce ancienne puis dans la Rome antique, comme parfum et comme produit tinctorial. Au Xe siècle, c'est par l'intermédiaire des apothicaires qu'il fut diffusé et acheminé en Europe. Les marchands arabes ont également, de leur côté, favorisé sa diffusion. Sa valeur marchande lui valut beaucoup de contrefaçons, facilitées lorsqu'il était vendu sous forme de poudre. Mais tout falsificateur pris était brûlé sur le bûcher sans autre forme de procès !

Le safran est actuellement cultivé en Espagne (le meilleur vient de Castille), en Grèce, en Turquie, en Languedoc et dans le Gâtinais. Il est récolté uniquement à la main, ce qui explique son prix, si l'on considère le nombre de stigmates nécessaires (quinze mille) pour obtenir 100 grammes d'épice. Son arôme est puissant, son goût enveloppant et persistant, il faut donc l'utiliser avec parcimonie.

Le safran est très employé en Méditerranée, dans les paellas, la cuisine marocaine, la bouillabaisse et de nombreux autres plats. La cuisine de l'Inde du Nord en fait également grand usage. Il est aussi employé en pâtisserie, dans les glaces et les crèmes anglaises. D'anciennes recettes de gâteaux anglais en contiennent.

Mes recettes préférées Soupe de citron confit au safran ; mousse de trompettes-des-morts au safran.

sésame

C'est certainement une des plus anciennes plantes oléagineuses connues et une des épices les plus répandues dans le monde : la Bible en fait mention, et les civilisations les plus anciennes en faisaient usage.

Sesamum indicum est une plante de la famille des pédaliacées, apparentée aux labiées et probablement originaire d'Afrique tropicale. Les fleurs tubulaires produisent des gousses contenant de nombreuses petites graines blanches ou noires, dont la saveur est exaltée par un léger grillage. Les feuilles, amères, sont consommées en marinade par les Coréens. Le goût de noisette du sésame grillé en fait une épice universellement adorée, et la valeur énergétique de ses graines est immense. Elles sont largement utilisées pour saupoudrer les pains méditerranéens et orientaux.

Les usages du sésame sont très nombreux : le halva est une pâte de sésame sucrée, le *tahina* ou *tahini* est une crème de sésame très précieuse dans les assaisonnements. En Chine et au Japon, on apprécie également l'huile de sésame grillé, de couleur brune et de saveur prononcée. On ne la fait jamais cuire, sauf fortement diluée. La cuisine indienne préfère l'huile de sésame cru (*gingelly oil*), de saveur plus douce et de couleur jaune.

Mes recettes préférées Tranche de thon croûté au sésame blond ; crème chocolat aux deux sésames.

sumac

Cette épice orientale se présente sous la forme d'une poudre rouge sombre, tirée des fruits séchés d'un arbre (*Rhus coriaria*) appartenant à la grande famille des sumacs répandue en Asie et en Amérique. Son goût acidulé et rafraîchissant en fait depuis l'Antiquité un condiment acidifiant très estimé, tombé en désuétude depuis l'adoption générale du jus de citron. Son nom allemand, *Essigbaum*, « arbre à vinaigre », décrit très bien ses vertus. On l'utilise couramment avec les poissons, mais aussi, au Proche-Orient, saupoudré sur le riz et sur les grillades de viande. Le sumac est souvent associé à l'oignon cru pour préparer des condiments apéritifs et dilué dans de l'eau pour réaliser des solutions acidifiantes. En Jordanie, on prépare un mélange d'épices, le *zahtar*, en associant sésame, sumac, thym séché et sel.

Mes recettes préférées Terrine de petits pois au sumac ; huile d'olive au sumac ; confiture de poires et d'écorce de citron vert au sumac.

thé

J'utilise le thé comme une épice. J'aime faire entrer dans ma cuisine toutes sortes de thés aromatiques, fumé ou non fumé, noir ou vert, et surtout la poudre de thé vert japonais *matcha*, si parfumée.

Mes recettes préférées Cuisses de canard confites au thé et à la cannelle ; quenelles de chocolat au jasmin.

fève tonka

Voilà une épice peu répandue, plus connue dans le monde de la parfumerie. Son nom latin est *Dipteryx odorata* ou *Coumarouna odorata*. Cette graine d'un arbre tropical (Guyane, Orénoque, Venezuela mais aussi Nigeria) est une des principales sources naturelles de coumarine, substance odorante à effet de « foin coupé ». En langue caraïbe et en langue tupi, parlées dans les régions de la Guyane française et de l'Orénoque, l'arbre est désigné sous le nom de *tonka* ou *kumaru*. Cette dernière appellation a donné le mot « coumarine ».

La fève tonka est une épice à la fois douce et forte, comme la vanille. Son parfum est unique et incomparable. Elle fait merveille dans les préparations sucrées, mais j'aime l'utiliser avec la pomme de terre. En tant qu'épice, elle est tombée en désuétude, car la coumarine est toxique à haute dose. Mais il faut très peu de fève tonka pour aromatiser un plat ; cette épice réellement fascinante mérite d'être redécouverte.

Mes recettes préférées Galettes parmentières au sarrasin et à la fève tonka ; pomme de terre écrasée à la fève tonka.

vanille

C'est une plante vivace de la famille des orchidées, qui se développe le long des arbres, un peu comme le lierre. Son nom botanique est *Vanilla planifolia*, qui vient de l'espagnol vainilla, « petite gousse ». Sa fructification n'est possible que si la vanille est fécondée par le pollen qui, dans sa région d'origine (le Mexique), n'est transporté que par une espèce d'abeille. Ailleurs (Madagascar, Réunion, Indonésie et Antilles), il faut la féconder artificiellement.

La plante fut importée pour la première fois vers 1550, en Espagne, par un franciscain qui avait séjourné au Mexique. Elle fut très vite appréciée en Europe, tout d'abord dans le chocolat et également comme puissant aphrodisiaque. À l'origine, les Aztèques s'en servaient pour aromatiser le chocolat en broyant les fèves avec les gousses. L'arôme caractéristique de la vanille est dû aux petites graines noires que la gousse renferme. Il faut donc fendre et gratter celle-ci pour révéler son parfum si envoûtant.

C'est au terme d'une succession de fermentations et de séchages que la vanille est commercialisée. Les pieds ne sont productifs qu'à l'âge de quatre ans, fournissant alors une cinquantaine de gousses par récolte.

À maturité, celles-ci mesurent entre 15 et 20 centimètres. Aux Antilles, les plus grosses sont appelées vanillons.

La vanille est principalement utilisée dans les préparations sucrées, mais quelquefois elle parfume délicatement des mets salés (coquilles Saint-Jacques, homard et viandes blanches).

Mes recettes préférées Salade de blanc de dinde à l'huile vanillée ; huile infusée à la vanille.

wasabi

On l'appelle « moutarde japonaise » ou « raifort japonais ». Cette fine pâte verte à l'arôme de moutarde incendiaire, mais douée de fraîcheur et de finesse, est tirée de la racine et d'une partie de la tige d'une crucifère aquatique à larges feuilles, *Wasabia japonica*. C'est une épice exclusivement japonaise, utilisée en priorité avec les poissons crus et les sushi. Elle est très difficile à cultiver, et une partie de la production provient encore de plantes sauvages. Au Japon, on l'utilise parfois fraîche, mais ailleurs elle n'est disponible que sous forme d'une poudre qu'il faut diluer avec un peu d'eau pour former une pâte.

Sa saveur est si piquante que *namiru* (« larmes ») est une appellation familière pour le *wasabi*. Cette saveur piquante ne se développe qu'en présence d'eau et au bout de quelques minutes ; si vous goûtez la poudre, elle aura simplement un goût amer.

Mes recettes préférées Merlu poêlé au raifort japonais *wasabi*.

Index des épices

cardamome

cari

carvi

citronnelle

colombo

coriandre

cumin

curcuma

fenouil

fenugrec

garam masala

genièvre (baies de)

gingembre

girofle (clou de)

limettier (feuilles de)

maniguette

moutarde (graines)

muscade (noix de) et macis

pavot (graines de)

piment et paprika

poivre (noir, vert ou blanc)

poivre de la Jamaïque

poivre du Sichuan

poivre long

ras el-hanout

réglisse

safran

sésame

sumac

thé

fève tonka

vanille

wasabi

Index des recettes

a

b

c

d

e

f

g

h

s

t

v

Table des matières

48 soupes

60 poissons

84 viandes

109 plats de légumes

117 légumes en garniture

137 assaisonnements et condiments

6,10

149 desserts

Achevé d'imprimer en Espagne
par Gráficas Estella, S.A.
Librairie Générale Française - 43, quai de Grenelle - 75015 Paris
Dépôt légal Éditeur : 37844-10/2003
Édition 01

I.S.B.N. : 2-253-16615-4

31/6615/4